KB271273

언더그라운드
슈퍼스타

언더그라운드 슈퍼스타

대중을 사로잡은 역사 속 비주류의 목소리

© 김용태·류준범·신안식·심재우·홍동현, 2011

초판 1쇄 펴낸날 2011년 6월 27일
초판 2쇄 펴낸날 2016년 8월 25일

지은이 김용태·류준범·신안식·심재우·홍동현
펴낸이 이건복
펴낸곳 도서출판 동녘

전무 정락윤
주간 곽종구
편집 이정신 최미혜 박은영 이환희 사공영
미술 조하늘 고영천
영업 김진규 조현수
관리 서숙희 장하나

디자인 DesignBoom
인쇄·제본 영신사 **라미네이팅** 북웨어 **종이** 한서지업사

등록 제311-1980-01호 1980년 3월 25일
주소 (10881) 경기도 파주시 회동길 77-26
전화 영업 031-955-3000 편집 031-955-3005 **전송** 031-955-3009
블로그 www.dongnyok.com **전자우편** editor@dongnyok.com

ISBN 978-89-7297-652-3 04900
　　　978-89-7297-536-6 (세트)

사람으로 읽는
한국사
0 7

언더그라운드 슈퍼스타

대중을 사로잡은 역사 속
비주류의 목소리

사람으로 읽는 한국사 기획위원회 펴냄

동녘

우리들의 슈퍼스타를 찾아서

'언더그라운드 슈퍼스타'. 역사 교양서 치고는 약간의 선정성이 느껴지는 제목이다. 이 조금은 특이한 제목을 설명해 둘 필요가 있겠다. 언더그라운드라는 말을 신문에서 가장 많이 볼 수 있었던 시기는 아마도 1980년대 말에서 1990년대 초로 이른바 '언더그라운드 뮤직'이라는 형태로 많이 사용되었다. 방송을 타지 않고 앨범과 공연 위주로 자신만의 음악을 하던 이들을 언더그라운드 뮤지션이라고 불렀는데, 이때 언더그라운드에는 '비주류', '독자성' 그리고 '비타협'이라는 의미가 담겨 있다. 또한 지하 세계의 뱀파이어와 늑대인간의 전쟁을 다룬 영화 〈언더월드〉처럼 언더그라운드라는 말에는 '비밀', '어둠' 같은 느낌도 있다.

'언더그라운드'라는 단어에 내포된 여러 의미 중 우리가 주목한 것은 비주류, 독자성, 비타협을 연상케 하는 울림 바로 그것이었다. 여기에 슈퍼스타가 더해졌다. 대중의 환호와 호응, 동경의 대상인 슈퍼스타. 대중에게 그것이 현실을 잊게 해 주는 환상이든, 부당한 일상에 대한 반항심이든, 범인(凡人)은 좇을 수도 없는 불굴의 영웅의 모습이든 아니면 자신을 대변해 주고 있다는 동질감이든, 하여튼 바로 대중 자신이 원하는 무언가를 가져다줄 능력이 있는 슈퍼스타. 기존 가치와 질서를 부정하고, 부당한 지배 현실을 바꾸려 했다는 의미에서 비주류이며, 대중의 열렬한 환호를 받거나 대중에게 동경과 호기심의 대상이 되었다는 점에서 스타성을 갖춘 역사적 인물들에 대해 되짚어 보고 재조명하자는 것이 이 책의 기획 의도다. 말하자면 전인권은 선택될 수 있으나 조용필은 선택될 수 없는 기획인 셈이다.

하지만 왕과 영웅들, 파괴자와 창조자들, 개척과 수성의 인물들에 비해 '언더그라운드 슈퍼스타'라는 범주에 묶일 인물들을 가려내기란 쉽지 않았다. 정말 '주류'의 이력이 있는 인물은 포함되지 말아야 하는 것일까. 그런데 하층 민중에게 주목받은 인물이 꼭 비주류적 인물만 있던 것은 아니었다. 남이는 조선 전기 무신으로 주류 인물이지만 비운의 죽음과 함께 무속 세계의 신으로 신봉되었다. 임경업은 또 어떤가. '소중화' 조선의 장군이자 또한 민중의 장군이기도 하지 않은가. 이를테면 반역의 주역이자 민중 속에 불사(不死)의 전설을 만들어 낸 홍경래만이 언더그라운드 슈퍼스타가 아니라, 하층 민중이 재해석해 낸 남이도 언더그라운드 슈퍼스타일 수 있는 것이다. 그래서 인물의 역사적 사실만이 아니라 그 인물이 대중들에게 어떻게 받아들여지고 있는가도 주요하게 고려했다. 비주류적이거나 저항적이면서 대중의 마음을 사로잡는 스타성을 가진 인물, 또는 그렇게 받아들여졌던 인물을 모아 이 책을 엮게 되었다. 이 책에서 선택한 인물은 이재유, 최제우, 박문수, 망이·망소이, 원효다.

류준범의 '이재유_식민지 시대, 사회주의 혁명의 별이 되다'는 식민지 시기 사회주의 혁명가로 활동하다가 일제의 감옥에서 옥사한 이재유를 다루었다. 이재유는 다른 인물들에 비해 인지도가 떨어진다. 그래서 '슈퍼스타'라고 부르기에는 주저되는 점이 없지 않다. 하지만 두 번의 탈옥과 체포라는 극적인 사건을 통해 당시 신문의 전면을 여러 차례 장식하면서 일제에 맞서는 혁명가의 극적인 이야기를 식민지 민중에게 제공했다는 점에서 '스타성'을 찾을 수 있었다. 당시 대중의 손에 땀을 쥐게 하고 한편으로는 피도 끓게 하였을 이재유의 길지 않은 생애를 추적하고 안타까운 죽음에 대해 이야기한다.

홍동현이 쓴 '최제우_진흙 같은 세상 속에 연꽃처럼 피어난 동학'은 최제우의 일대기를 당시 시대 상황과 엮어서 쓴 글이다. 동학의 창시자인 최제우가 깨달음을 얻고 그 깨달음이 민중에게 전파되는 상황을 충실히 기술하고 있다. 이 글의 초점은 동학이라는 종교에 있지 않다. 그것보다는 당시 많은 백성들에게 모든 사람이 대등하고 평등하여 차별이 없어야 한다는 가르침이 얼마나 큰 감동을 주었는지에 초점을 맞췄다. 이 글은 가장 기본적이고 상식적인 것들이 주류 질서에 대해 얼마나 강력한 저항으로 작용할 수 있는지를 생각하게 해 준다. 물론, 이 또한 시대를 떠나서는 이해할 수 없다. 그 사건이 일어날 수밖에 없었던 당시의 시대 상황을 조목조목 설명한 글을 통해 우리는 그것을 미루어 짐작할 수 있을 것이다.

어사 박문수. 우리는 '암행어사'와 '박문수'를 따로 생각할 수가 없다. 박문수 없는 암행어사 없고 암행어사 아닌 박문수 없다. 아주 조금만 생각해 보아도 의문이 들 수밖에 없다. 임금의 명을 받고 관리를 감찰하고 민정을 살핀 어사는 박문수 말고도 무척이나 많다. 더구나 박문수의 긴 관직 생활에서 암행어사는 그리 큰 비중을 차지하지 않았다. 그런데 왜 박문수가 암행어사의 대명사처럼 된 것일까. 이 궁금증에 대한 대답을 심재우의 '박문수_조선 시대 암행어사의 전설'을 통해 얻을 수 있다. 우선 이 글은 박문수의 가정 배경과 관직 생활 그리고 당시의 정치적 상황 등 역사적 사실을 요령 있게 전하고 있다. 나아가 어사 박문수 이야기가 백성들 사이에서 꾸준히 퍼지고 때로는 새롭게 만들어지는 과정에 대한 설명을 들으면, 왜 박문수가 '언더그라운드 슈퍼스타'가 될 수 밖에 없는지 이해할 것이다.

망이·망소이 형제는 고려시대 천민 반란 운동의 지도자로 교과서에 만적과 함께 언급되는데, 독특한 이름 때문인지 한국 사람들 대부분이 그 이름을 알고 있다. 그 리듬감 넘치는 빌음 때문에 '망이·망소이'를 한두 번쯤은 소리 내어 읽어 보지 않았는가. 신안식이 쓴 '망이·망소이_신분의 굴레 속에서 터져 나온 반란의 목소리'는 빈약한 사료 속에서도 망이·망소이를 추적한다. 이 글을 읽어 보면 망이·망소이에 대한 자료가 얼마나 없는지 놀라게 되지만, 한편으로 그런 상황에서도 자료들을 종합하여 '망이·망소이의 난'이 지니는 역사적 의미를 집요하게 추적하는 필자를 만나게 된다. 필자는 천민 반란이라고 해서, 스파르타쿠스의 난과 같은 노예 반란을 떠올리면 곤란하며, 고려 왕조의 지방 지배체제를 살피고, 무신란이 고려 사회에 준 충격을 이해해야 비로소 망이·망소이 난을 이해할 수 있다고 말하고 있다. 망이·망소이의 난은 지역 자체에 등급을 매겨 지배하던 고려의 지방 지배체제에 대한 반감과 무신란을 통해 정권을 잡은 무신들이 변혁을 이루어 내기는커녕, 기존 구질서를 답습하던 시기에 일어났다. 신안식의 글을 통해 우리는 고려 사회라는 전체적인 맥락 안에서 이 난을 이해할 수 있게 된다.

'원효_누구도 부처가 아닌 자가 없다'는 김용태가 썼다. 이 기획에 원효가 포함된 까닭은, 귀족의 종교인 불교를 저잣거리 백성의 종교로 만든 사람이 바로 원효이기 때문이다. 김용태는 '나무아미타불'만 외우면 누구나 극락에 갈 수 있다는 원효의 가르침, 이 단순한 가르침에 어떤 큰 뜻이 담겨 있는지를, 그리고 중관과 유식의 대립이라는 당시 불교계의 상황과 왕실 종교로 출발한 신라 불교의 특징, 삼국 통일기의 시대 상황을 종합하여 설명한다. 원효가 스님이면서 동시에 교학의 대가이기도 했다는 점이, 아니 교학의 대가였다는 점이야말로 원효가 저잣거리로 나설 수 있었던 배경이라고 필자는 설명한다. 덧붙여, 이 글을 통해 해골 물을 마시고 깨달음을 얻었다는 원효 설화의 진위도 알게 될 것이다.

솔직히 '언더그라운드 슈퍼스타'라는 묶음이 독자들에게만큼이나 필자들에게도 낯설었다는 것을 고백하지 않을 수 없다. 비주류적이며 자신의 세계가 분명하고 한편으로는 비타협적이면서 대중들의 마음을 사로잡은 스타들을 역사 속에서 발굴해 보겠다는 기획이 결과물을 만들어내기까지 쉽지는 않았다. 우리가 골라낸 인물들 말고 또 누가 이런 성격에 가장 부합하는 인물일까? 많은 역사적 인물들을 올려놓았다가 내려놓기를 여러 번, 그 결과 선택된 것이 이 책에 나오는 인물들이다. 기획자나 필자들도 처음에는 낯설었던 만큼 독자들도 그럴 것이다. 다만, 원효와 박문수를 한데 묶어 봄으로써 지친 민중의 일상에서 작은 희망이 무엇이었는지를 생각해 보며, 망이·망소이와 이재유를 함께 보면서 시대에 따른 저항의 모습과 더불어 불평등을 거부하는 보편성을 떠올리며, 최제우와 박문수를 읽으면서 조선 후기 농민의 삶에서 기쁨이 무엇인지를 생각해 볼 수 있게 된다면 다행이리라.

한국 역사에서 새로운 방식으로 인물들을 묶어 해석해 보려는 시도에 대해 독자 여러분들의 조금은 너그러운 마음을 기대한다.

《언더그라운드 슈퍼스타》 여러 필자들을 대신하여, 류준범

차례

이재유_ 식민지 시대, 사회주의 혁명의 별이 되다

진정한 공산주의 이상사회란 무엇인가

이재유는 감옥에 갇힌 후에도 전향을 거부했다. 전향은 일제에만 있던 특이한 제도로 한마디로 말하자면 '생각을 바로잡는 것'이 목표인 사법제도다. 일제에게 '바로잡는다'는 의미는 '일본 제국의 정당성을 인정하고 만세일계(일본 천황가의 혈통이 단 한 번도 단절된 적이 없다는 주장) 일본 천황의 아들과 딸로서 천황의 신민(臣民)됨'을 인정한다는 뜻이다. 이재유는 한국의 해방과 공산주의 이상향에 대한 신념을 버리지 않고 끝까지 전향하지 않았다.

류준범 : 국사편찬위원회 편사연구사

이재유
1903~1944

1903년 함경남도 삼수 출생으로, 1926년 일본에서 노동운동에 참여하며 본격적으로 사회과학 연구를 시작하면서 공산주의 운동가로 성장했다. 1928년 고려공산 청년회 일본총국에 가입해 선전부 책임자로 활동하던 중, 제4차 조선공산당 사건으로 검거되어 국내에서 3년 6개월의 수형 생활을 했다. 출옥 직후인 1933년 2월경 이현상·김삼룡·정태식 등과 함께 공산주의 비밀결사 단체인 '경성 트로이카'를 결성하여 생산 현장의 노동 대중을 조직화하고 조선공산당 재건의 토대를 마련하고자 했다.

이후 끝없는 일제의 탄압에도 불구하고, '경성 재건 그룹' 및 '조선공산당 재건 경성 준비 그룹'을 결성하여 조선공산당 재건을 위한 비타협적인 운동을 계속했다. 특히 1934년 4월 두 번째로 서대문경찰서를 탈출하는 데 성공한 후 경성제국대학 미야케(三宅鹿之助) 교수의 집에 은신하는가 하면, 번번이 일제의 검거망을 뚫어 신문지상에 '신화적 인물'로 보도되기도 했다.

공산주의자와 대중의 결합으로 공산주의 운동의 대중적 토대와 영향력을 강화시켰고, 여타 그룹과의 공동 투쟁으로 종파 갈등을 해결하려 했으며, 한국 공산주의 운동에 크게 기여한 인물로 평가된다. 1936년 12월 비밀결사 활동 4년 만에 체포되어 징역 6년의 형량을 마쳤으나, 미전향자라는 이유로 석방되지 못한 채 1944년 10월 청주보호교도소 독방에서 41살의 짧은 생을 마쳤다.

공산당 영웅의 탄생

1935년 8월 24일 《조선중앙일보》, 《동아일보》, 《조선일보》는 일제히 호외를 쏟아냈다. 일제 식민지 시기 주요 한글 신문이 3~4면짜리 호외로 급히 뱉어낸 소식은 '조선공산당 재건 동맹 사건'에 관한 것이었다. 1933년 가을 비밀결사의 단서를 잡은 경찰이 지속적이고 신속하게 활동해 강릉, 서울, 평양 등지에서 활동하던 공산주의 비밀결사를 일망타진했다는 내용이었다. 경찰은 1933년 가을 수사 활동을 시작하면서 이 사건의 언론 게재를 금지했다. 1935년 여름 사건 대부분이 공판에 회부되면서 8월 24일 정오를 기해 게재 금지 조치가 해제됐고, 그 시간에 맞춰 신문들이 일제히 호외를 발행한 것이다.

경찰 발표에 따르면 노동자를 중심으로 학생과 문화인들 사이에서 조선공산당 재건을 위해 암약하던 수백 명의 공산주의자들이 표면적인 활동을 시작하려던 순간 치밀한 경찰의 대응으로 모두 체포되었다는 것이다. 하지만 실제로 '조선공산당 재건 동맹'이라는 이름의 거대한 공산주의 비밀결사가 존재했던 것은 아니다. 다양한 지역과 계통에서 활동하던 공산주의 그룹들이 연이어 체포된 것인데, 공명심에 불타던 경찰 당국이 이들에게 그토록 대단한 이름표를 붙인 것이다. 아무래도 규모가 크고 적절한 이름표까지 있다면 세간의 관심을 끌 수 있는 데다가 경찰의 공로도 과시될 수 있기 때문이다.

이날 신문 호외에 보도된 '조선공산당 재건 동맹 사건'의 공산주의 그룹과 운동가들 중 특히 눈에 띄는 인물이 있었다. 바로 서울 지역의 공산주의 그룹을 이끌던 이재유다. 경찰이 이름 붙인 '조선공산당 재건 동맹'에 관계한 인물들은 체포되어 검사국으로 송국되거나 예심 혹은 공판에 회부되었는데 이재유만은 송국뿐만 아니라 예심이나 공판에도 회부되지 않았다. 서대문경찰서에 체포되었던 이재유가 유치장을 탈출해 경찰의 손아귀를 벗어났기 때문이다.

1934년 1월에 경찰서 유치장을 탈출했다가 붙잡힌 이재유는 그

해방 전후 공산주의 운동가들.
(왼쪽부터 이재유, 박헌영, 현준혁,
허헌, 이승엽)

해 4월 다시 탈출에 성공하면서 자취를 감추었다. 그 후 1935년 8월 이른바 '조선공산당 재건 동맹 사건'을 발표할 때까지도 경찰은 이재유의 신변을 확보하지 못했다. 신문사들은 호외에서 이 사실을 크게 다루었다. '탈주한 이재유의 극적 활동', '피신능수인 이재유, 서대문 경찰서 탈주' 등 큰 제목을 달고 이재유의 탈주를 비중 있게 보도했다. 이재유 이전에도 일제 경찰의 손길을 피해 피신한 운동가들이 여럿 있었지만 대부분 경찰 검거를 예상하고 미리 몸을 피하거나 해외로 망명했다. 이재유처럼 체포되었다가 탈출한 경우는 없었고 더구나 탈출한 뒤에 국내에서 계속 활동하는 경우는 더더욱 없었다. 신속하고 집요하며 악랄하기로 유명한 일제 경찰이 이재유에게 희롱당한 꼴이었으니 경찰의 자존심은 짓밟혔지만, 식민지 백성에게는 이야깃거리로 '무용담'이 하나 늘어난 셈이었다.

결국 경찰에 체포되어 1944년 옥중에서 생을 마친 이재유는 비밀 조직 활동에서 탁월한 역량을 보인 혁명가다. 그가 서울에서 공산주의 비밀결사를 이끌며 활동한 시기는 1932년 말부터 1936년 말까지 4년이다. 짧았지만 서울의 비밀결사 활동에 큰 자취를 남겼고, 식민지 민중들에게도 자신의 존재를 확실히 알렸다. 그의 비밀결사 활동과 옥중 투쟁 모두 영웅적인 모습이지만 그를 대중적으로 유명하게 만든 것은 역시 '서대문경찰서 탈옥 사건'이다. 탈옥에서부터 이야기를 풀어 보자.

탈옥 그리고 또 탈옥

서대문경찰서에서 서울 지역 공산주의 비밀결사의 단서를 잡고 검거를 시작한 것이 1933년 가을이다. 보도 통제 속에서 경찰들은 신속하면서도 광범위하게 활동을 전개했고 그들의 악랄한(그들이 보기에는 아주 효율적인) 심문 방식은 검거의 범위를 확대하는 데 유효한 도구였다. 1933년 말 이재유가 이끌던 그룹에도 검거의 손길이 닿기 시작했다. 12월에 이재유 그룹의 주요 활동가 이현상이 체포됐고, 1월 초에는 당시 이재유와 함께 기거하던 이순금이 체포됐지만 이재유는 가까스로 체포를 면했다. 하지만 결국 이재유도 경찰의 수사망을 피하지 못하고 1월 22일 서울역 뒤편 중림동에서 체포됐다. 이재유는 서대문경찰서에서 혹독한 심문을 받았는데 훗날 검사의 심문을 받으며 이때의 상황에 대해 '권오훈과의 관계 자백을 요구하며 가해지는 견디기 힘든 고문을 받고 죽을 것인가 도망칠 것인가 선택해야 했다'고 표현했다.

권오훈은 앞서 경찰이 발표한 '조선공산당 재건 동맹'의 주요 인물로 중국에 근거를 두고 한인 사회주의 운동가를 기르던 레닌주의 정치학교(김원봉이 안광천, 박건웅, 이춘암, 이임순, 양백림 등과 1930년 4월에 북경에 설립했으며, 사회주의 혁명운동가를 양성했다) 출신이다. 레닌주의 정치학교를 졸업하고 국내의 강릉을 근거로 활동하다가 경찰에 체포된 그는 이재유 그룹과는 관련이 없는 인물이다. 경찰은 큰 건수가 필요했고 중국에 망명했다가 국내로 잠입한 인물을 중심으로 큰 그림을 그리고 싶었을 것이다.

이재유가 말한 '견디지 못할' 고문이 어떤 것인지 정확한 기록은 없지만, 일제 경찰의 '심문 방식'에 대한 진술들이 현재 남아 있다. 김구의 《백범일지》에 1910년대 경찰의 '심문 방식'이 기록되어 있고, 1920년대 조선공산당 사건으로 경찰에 체포됐던 박헌영이 남긴 간단한 기록이 있다. 그에 따르면 고춧가루 탄 물을 입과 코에 들이붓고 손가락을 묶어 천장에 매달아 놓고는 가죽 채찍으로 때리거나 꿇어앉힌 후 막대기로 관절을 때리기도 했으며, 경찰 여럿이 희생자를 돌아가며 후려차는 축구공 놀이라는 고문도 있었다.

이재유가 '죽느냐 탈출하느냐' 중에서 탈출을 선택하고 기회를 노려 창문으로 뛰어내린 것은 3월로 추정된다. 당시 서대문경찰서는 지금의 서대문 지하철역 부근에 있는 서울 적십자병원 근처에 있었다. 이재유는 광화문 쪽으로 도망치다가 정동 안쪽으로 방향을 틀었다. 함경도 사람은 동지섣달에 발가벗겨 놓아도 십 리는 간다고 했다. 그렇지만 함경도 삼수 출신의 이재유는 심한 고문을 당한 탓에 십 리를 가기에는 너무 지쳐 있었다. 서대문 쪽 정동 입구에서 안으로 들어오면 러시아 영사관을 지나 미국 영사관이 있다. 지금의 하비브 하우스(주한 미국 대사관저)가 있는 곳이다. 지친 이재유는 미국 영사관 담을 넘었고, 결국 다시 서대문경찰서로 넘겨졌다.

서대문경찰서에 다시 갇히게 된 이재유는 수갑과 차꼬(두 개의 긴 나무를 맞대어 그 사이에 구멍을 파 죄인의 발목을 넣고 자물쇠를 채우던 형구)를 찬 채 별도로 감시를 받았다. 수갑은 얼마 지나지 않아 풀렸지만 차꼬는 계속 채워져 있었다. 이재유는 차꼬의 열쇠 구멍에 밥알을 짓이겨 넣어 형을 뜬 다음 주변의 도구를 이용해(우유통 뚜껑이라고도 하고 담배 물부리라고도 전한다) 차꼬의 열쇠를 직접 만들었다. 그리고 1934년 4월 13일 밤 감시를 따돌리고 탈출에 성공한다. 어떻게 감시를 따돌렸는지는 정확한 기록이 남아 있지 않다. 해방 직후 이재유의 영웅담을 전하는 글에서는 식민지 조선인을 동정하고 사회주의 혁명에 공감하던 일본 순사 모리타(森田)의 도움을 받았다고 하는데 확실하지는 않다.

1934년 4월 13일 두 번째 탈출에 성공한 이재유는 안전하게 숨을 곳을 찾아야 했다. 그는 당시 국내의 유일한 대학이었던 경성제국대학의 일본인 교수 미야케 시카노스케(三宅鹿之助)의 집을 택했다. 사회주의자였던 미야케는 한국의 사회주의 운동에 관심을 보였고, 좀 더 실천적인 활동을 꿈꾸었다. 경성제국대학 출신이면서 이재유 그룹에 가담해 있던 정태식의 소개로 이재유는 체포되기 전에 미야케를 만난 적이 있었다. 아마 이때 둘은 조직적 결합까지는 아니더라도 약간의 믿음을 나눈 듯하다. 확실한 신분의 미야케 정도라면 경찰의 감시를 피할 수 있을 거라고 생각한 이재유는 동숭동 미야케의 집을 피신처로 택했다. 미야케는 다다미 방 아래 굴을 파서 이재유의 은신처를 마련했다. 낮에는 굴 안에 전등을 설치해 책과 문건들을 읽었으며 밤에는 응접실로 나왔다. 가끔씩 미야케와 정태식을 통해 외부 소식을 전해 들었고 필요한 돈과 옷가지, 책 등도 얻었다.

이재유의 탈출로 서대문경찰서와 경기도 경찰부가 발칵 뒤집혔으나 이재유는 일단 안전했다. 하지만 정태식이나 미야케에게도 검거의 손길이 뻗칠 수 있기 때문에 다다미 방 아래의 생활도 오래할 수는 없었다. 미야케가 잡힌다면 이재유도 즉시 탈출해야 할 터였다. 결국 5월 초 정태식이 경찰에 체포되었고, 이어서 5월 21일 미야케가 체포되었다. 미야케의 아내에게서 그의 체포 소식을 전해 들은 이재유는 즉시 집 뒤 낙산을 통해 도망갔다. 미야케의 자백을 받아 낸 경찰이 이튿날 미야케의 집을 급습했지만 이재유는 이미 떠난 뒤였다. 이재유는 이후로도 2년여 동안 악에 받쳐 쫓아다닌 경찰의 추격을 피하며 서울 지역에서 활동을 이어 나갔다.

사회주의 혁명가가 되다

이재유는 1905년 함경남도 삼수에서 태어났다. '삼수갑산을 가서 산
전을 일궈 먹더라도'라는 속담 속의 그 삼수다. 한반도에서 가장 춥고
외진 골짜기라는 삼수에서 나고 자란 이재유는 여러 학교를 다녔지만
단 한 곳도 졸업하지 못했다. 동네에서 다니던 보통학교(지금의 초등학
교)는 배우는 게 시시해서 때려치웠다. 심부름 갈 때 들고 나온 돈으로
고향을 떠나 서울로 온 이재유는 보성고보(지금의 보성고등학교)에 들
어갔지만 그곳마저도 오래 다니지 못했다. 그리고 다시 개성의 송도
고보에 들어가지만 학내 분규의 주동자로 찍혀 퇴학당했다. 그의 인
생 역정을 미루어 짐작할 수 있듯이, 송도고보처럼 보수적인 기독교
계 학교가 그의 적성에 맞았을 리 없다.

송도고보에서 퇴학당한 이재유는 1926년 12월 일본 동경으로 떠
났다. 조선의 많은 사람들이 일본으로 떠나던 시절이었다. 형편이 좋
아서 일본으로 유학 가는 학생들도 있었지만 답답한 식민지를 떠나
제국의 한복판으로 들어간 고학생들도 많았다. 제국의 심장 동경은
어쨌든 많은 것 ― 수준급의 많은 학교, 많은 책과 지식 그리고 왼쪽부
터 오른쪽까지 다양한 사상 ―이 있는 곳이었다. 또 먹을 것을 찾아
고향을 등지고 온 많은 식민지 백성이 있는 곳이기도 했다. 동경으로
간 이재유는 학교에 잠시 적을 둔 듯하지만 대부분의 시간을 '재일
본 조선노동 총연맹' 같은 노동단체에서 보내며 후쿠모토 카즈오(福
本和夫) 등 일본의 저명 사회주의자들의 강연을 들었다. 이재유의 진

술에 따르면 자신은 수십 차례 일본 경찰에 연행된 '유명 인사'였다
고 한다.

이재유의 동경 생활은 1928년 8월 '제4차 조선공산당 사건'으로
검거되어 국내로 압송되면서 끝난다. '제4차 조선공산당 사건'이란
1925년 창립된 조선공산당의 네 번째 대검거 사건을 말한다. 1925년
4월 창립된 조선공산당은 그해 11월 제1차 검거부터 1928년 8월의 4
차 검거까지 네 차례에 걸쳐 일제 경찰에 의해 그 조직이 무너졌다. 이
재유는 이른바 '제4차 조선공산당'의 일본총국 및 고려공산 청년회 일
본총국에 가담한 혐의로 체포되어 1932년 7월에야 석방됐다.

일본 동경에서의 노동운동과 사회주의 조직 활동이 1930년대 서
울에서의 완강하고 지속적인 활동의 밑거름이 됐을 텐데도 이재유는
오히려 감옥에서의 결심을 더 강조했다. 1928년 체포된 후에도 조선
공산당과 직접 관련이 없는 자신은 곧 석방될 것으로 생각했지만 결
국 3년 6개월의 징역형을 받게 되자 그 억울함에 혁명가의 길을 가기
로 굳게 결심했다는 것이다. 이재유의 이 진술은 검사 취조나 예심 판
사의 취조에 대한 진술이므로 액면 그대로 믿을 수는 없지만, 감옥에
갇힌 채 지난 세월을 곱씹으며 직업적 혁명가로 인생을 마감하겠다고
결심하는 이재유도 충분히 상상 가능하다.

사회주의 혁명운동

조직

이재유가 서울을 근거로 운동을 전개한 기간은 대략 4년 정도지만, 그가 이끈 그룹은 서울 지역의 운동을 주도한 주요 그룹이었다. 당시 이재유와 그의 그룹 활동에서 가장 눈에 띄는 것은 그룹의 조직 방식이었다. 이재유가 '트로이카 방식'이라고 부른 것인데 말 그대로 세 마리의 말이 하나의 마차를 끌듯이 구성원 각자가 자유롭게 서로 협력하며 조직을 이끄는 방식을 말한다. 이재유가 트로이카 방식으로 그룹을 조직한 까닭을 알기 위해서는 당시 사회주의 운동의 특징을 살펴볼 필요가 있다.

1919년을 전후하여, 특히 3·1운동으로 급진화된 청년층을 중심으로 한반도와 한인 망명 사회에 사회주의 사상이 널리 퍼져 나갔다. 처음에는 사회주의의 다양한 조류가 소개되었지만, 1917년 러시아 10월 혁명과 민족해방운동을 통해 위력을 과시하고 충분한 실천력을 제공한 마르크스-레닌주의가 점차 식민지 사회주의 운동의 주류가 되었다. 조선공산당은 1925년 마르크스-레닌주의를 표방한 운동가들이 만든 비밀 조직이다.

당시 마르크스-레닌주의 운동은 소련에 본부를 둔 코민테른, 즉 공산당 국제기구의 통제 또는 지원을 받고 있었다. 아직 미숙한 상태에서 대중적 기반, 자금, 조직력 등 모든 면에 도움이 필요하던 조선공산당은 코민테른의 지원을 원했고, 코민테른의 승인을 통해 정당성을 얻으려 했다. 조선공산당을 중심으로 한 사회주의 운동은 식민지 민족운동과 사회운동의 주요 세력으로 급부상했지만 초창기의 운동이 대개 그렇듯이 지식인 중심이었고 노동 대중과의 결합력이나 조직 내부의 역량 등 아직 미숙한 부분이 있었다.

일본 경찰은 결과적으로 보아 꽤 유능했다. 일제의 통치는 경찰의 폭력으로 유지되었고 따라서 경찰은 어떤 활동의 제약도 받지 않으며 가능한 모든 수단을 쓸 수 있었다. 비밀결사 조선공산당은 여러 차례 경찰에 발각되어 수많은 운동가들이 검거되었다. 통일된 조직을 유지하기가 버거웠던 조선공산당의 내부에는 많은 분파들이 생겨났다. 조선공산당이 식민지 '조선'의 사회주의 운동을 지도할 권위와 능력이 있다고 믿었던 코민테른은 결국 1928년 '12월 테제(한국 공산주의 운동 지침서)'를 발표해 사실상 조선공산당의 해산을 명령했다. 코민테른은 12월 테제를 통해 이전의 사회주의 운동을 비판하고, 조선공산당을 재건하기 위해서는 노동 대중과 결합해 사회주의 운동을 더욱 공고히 할 것을 한국의 마르크스-레닌주의자들에게 지시했다.

1930년대 혁명가들
― 이재유(중앙 큰 사건), 박진홍, 이순금, 이효정(상 → 하)
이현상, 김삼룡, 이관술(좌 → 우)

코민테른(Communist International)

제3국제당 혹은 제3인터내셔널이라고도 하며, 블라디미르 레닌의 발기에 의해 1919년 3월 창설되어 1943년 5월 15일 해체된 마르크스-레닌주의당의 국제적 조직체다.

러시아에서 10월 혁명이 승리한 후 각 나라에서 창건된 공산당들은 그들을 통일적으로 지도해 줄 국제적인 조직체가 필요했다. 레닌은 이런 요구를 반영해 1919년 모스크바에서 30개국 35개 공산당이 참가한 가운데 창건대회를 열고 국제공산당을 창건했다.

이제 한국의 마르크스-레닌주의자들에게는 전국적인 권위를 갖는 공산당이 사라졌으며 각자 '12월 테제'라는 모호한 지침 아래 스스로의 길을 개척해야 하는 상황이었다. 이후 마르크스-레닌주의자들은 각자의 그룹을 중심으로 운동을 전개하며 조선공산당 재건이라는 목표를 향해 나아갔는데 이 과정은 각 그룹들 사이의 경쟁, 갈등, 협력의 과정이기도 했다. 이재유의 트로이카 방식은 이 같은 상황에서 만들어진 것이다.

자유롭게 협력하며 동지를 획득해 조직을 넓혀 가는 트로이카 방식은 1930년대 상황에서 두 가지를 의미한 것으로 보인다. 하나는 과거, 다른 하나는 미래와 관계된다. 1920년대 조선공산당 시절의 사회주의 운동과 12월 테제 이후 1930년대 초반까지의 사회주의 운동의 약점으로 분파 간의 지나친 경쟁과 대립이 주로 지적되었다. 각 분파는 스스로를 우월하게 여겨 당이 있을 때는 당의 주도권을 놓고, 당이 없을 때는 당 건설의 주도권을 놓고 서로 첨예하게 대립했다.

이재유 그룹은 이것을 반성하고 자신의 그룹을 전위 조직으로 여기지 않았기 때문에 당을 본뜬 조직을 만들려고 하지 않았다. 이재유 그룹은 스스로를 이제 막 싹을 틔우는 사회주의 운동가들의 작은 조직으로 여겼고, 수직적 서열에서 벗어나 자유롭게 서로 협력하는 트로이카 방식을 채택했다. 과거에 대한 반성이었다.

하지만 마르크스-레닌주의의 전위 정당이 없더라도, 활동가들은 자신의 조직을 확대해 나갈 임무가 있다. 바로 노동 대중의 현장과 투쟁의 현장에서 동지들을 획득하며 모임을 넓혀 가는 트로이카 방식에 의해서 가능하다. 우선 몇몇 운동가에 의해 자유로운 협력체인 트로이카가 만들어지면 각각 임무를 분담한다. 각각은 또 자신이 맡은 분야에서 동지를 얻어 또 다른 트로이카를 만들어 나간다. 이 같은 방식으로 이재유 그룹은 서울 각 공장에 '혁명적 노동조합'을 준비하는 단위 트로이카를, 각 학교와 중간계층에 '반제국주의 동맹'을 준비하는 단위 트로이카를 만들어 갔다. 이재유 그룹은 1933년 여름부터 조직을 확대해 나갔고, 덕분에 여러 차례 검거 속에서도 자신의 조직을 유지하거나 회복할 수 있었다.

그런데 기실 각각의 운동가들이 동지를 얻어 단위 조직, 즉 세포를 조직해 전체 조직을 확대해 나가는 방식은 마르크스-레닌주의의 일반적인 조직 방식이기도 했다. 이재유 그룹의 특징은 운동가들 대부분이 자신의 활동 영역 현장에 투신해 있었다는 점, 즉 12월 테제가 요구한 '노동 대중의 현장 속에서 당 건설의 토대를 만들라'는 지침을 충실히 수행했다는 점이다. 이재유 그룹의 주요 활동가들인 안병춘, 변홍대, 이순금, 이종희, 이경선, 유순희, 이관술, 박영출 등은 직접 공장에 취업하거나 공장에 취업한 활동가들을 근거로 세포를 만들었다.

이재유 그룹은 각 세포를 지도하는 상위 지도부의 권위를 크게 강조하지 않았다. 또한 조직 전체를 지도하는 비밀스럽고 강력한 지도부에 대해서도 공식적으로는 인정하지 않았지만 이 그룹이 이재유의 카리스마로 움직이고 있었다는 점에서 볼때 지도적 권위는 존재했던 셈이다. 이재유는 또한 각 그룹들이 규모를 확대해 나가는 과정의 투쟁 속에서 통합도 자연스럽게 이루어질 것으로 여겼으므로 다른 그룹의 특별한 권위도 인정하지 않았다. 이 같은 태도는 1930년대 사회주의 운동에 출몰하는 이른바 '국제선'과의 마찰을 피할 수 없게 만들었다.

'국제선'과 대립하다

국제선이란 한마디로 요약하자면 코민테른의 승인이나 후원을 받아 국내에 들어온 활동가나 그 조직을 의미한다. 앞서도 언급했지만 식민지 시기 사회주의 운동은 코민테른의 영향력 아래서 전개되고 있었다. 코민테른은 12월 테제를 통해 조선공산당 해산을 명령하고 사회주의 운동가들은 노동 대중의 현장으로 들어가라고 지시했다. 그리고 한편으로는 한반도의 사회주의 운동에 적극 개입하기 위해 활동가들을 파견했다.

그렇다면 이들이 여타 사회주의 그룹들보다 권위 있거나, 주도적인 위치에 있다고 인정해야 할까. 이른바 국제선에서는 그렇다고 여긴 반면 이재유는 그렇지 않다고 생각했다. 이재유를 '자주적 공산주

프로핀테른(Profintern)

'적색 노동조합 인터내셔널'이라고도 한다. 1921년 7월 코민테른(제3인터내셔널)이 제2인터내셔널(마르크스를 부정하고 민주사회주의 입장을 취하는 조직)에 대항하여 42개국의 혁명적 노동조합 대표로 구성한 국제적 노동조합 연맹체다. 정치 변혁과 사회혁명에 노동조합이 적극 동참할 것을 주장하며, 노동자들의 생산관리를 경제투쟁의 중심 임무로 제기하고 자본주의 타도와 혁명에 의한 사회주의 실현, 프롤레타리아 독재의 수립을 목표로 했다.

한국에서는 1927년 5월에 프로핀테른과 관련한 노동운동이 일부 독립운동가 사이에서 시작됐으며, 프로핀테른 제4회 대회와 제5회 대회에서 조선 노동운동의 현상과 임무에 관한 결의가 채택되기도 했다. 그러나 이 운동은 대표적 항일운동 단체인 신간회를 민족개량주의 조직으로 규정하는 등 민족 정서에 부합하지 않는 면이 있었다.

의자' 라고 평가하는 경우가 있는데, 그 평가가 바로 국제선에 대한 그의 태도에서 비롯한 것이다. 서울을 근거로 활동하던 이재유가 같은 지역에서 활동하던 사회주의 그룹과 대면하면서 각 그룹은 통합을 협의하게 되는데 이재유가 처음으로 접한 사람이 김형선이다. 김형선은 코민테른에서 상해로 파견한 김단야, 박헌영 그룹에 속하는 인물이다. 김형선은 상해 그룹이 발행한 정치 신문 《콤무니스트》를 국내로 들여와 국내 조직을 확장하는 임무를 띠고 있었다. 1933년 6월 이재유를 만난 김형선은 자신의 그룹이 코민테른의 직접 지휘 아래 있다는 권위를 한껏 드러내고자 했지만, 이재유에게는 그 권위가 먹히지 않았다. 김형선이 곧 체포되면서 이재유와 김형선의 관계는 금세 끝나고 만다.

한편 당시 서울에는 권영태를 중심으로 하는 사회주의 비밀결사가 활동하고 있었다. 이재유 그룹에 버금가는 조직으로 권영태가 소련의 동방노력자 공산대학 출신이며, 코민테른 아래의 사회주의 계열 국제 노동조합 연맹인 프로핀테른의 지시를 받는다는 점에서 국제적 배경을 가진 조직이었다. 이재유 그룹과 마찬가지로 권영태 그룹도 서울 지역의 공장에 세포를 만들고 학생과 지식인 지지자를 확보하는 등의 방법으로 조직을 확대하고 있었으므로 둘 사이의 접촉은 피할 수 없었다. 실제로 하부의 활동가들 중에는 양쪽 그룹에 모두 속하는 사람들이 많았다.

두 그룹은 서울의 대표적인 사회주의 비밀결사로 사회주의 운동 발전을 위해 조직을 통일해야 한다는 당위에는 공감했지만 실제 통합은 잘 진행되지 않았다. 이재유 그룹이 1933년 겨울 이후 여러 차례 검거된 것과 마찬가지로 권영태 그룹도 1934년 5월 대규모 검거를 당한 뒤 그 후계 조직도 차례로 검거되었는데 그것이 이유 중의 하나다. 조직을 통합하기에 앞서 각 조직을 보전하는 것이 우선이었기 때문이다.

게다가 두 그룹은 조직 통일의 주도권을 놓고 다툼을 벌이게 된다. 권영태 그룹은 국제선과 연결된 그룹으로 그 권위를 인정받으려한 반면 이재유는 '제국주의 전쟁 반대'라든가 '간도 공산당원 사형 반대' 등 구체적인 투쟁부터 공동으로 실행하여 차근차근 조직을 통합하자고 제안했다. 국제적인 권위를 배경으로 특정 사회주의 그룹이 특별한 권위를 가질 수는 없다는 것이 이재유의 생각이었던 듯하다. 이재유의 이런 생각이 당시 사회주의자들 사이에서는 큰 반향을 불러 일으키지 못했다. 해방 직후까지도 코민테른으로 상징되는 국제 공산주의 운동의 권위는 한국 사회주의자들 사이에서 확고한 것이었다. 국제적 권위에 맹목적으로 복종하지 않겠다는 이재유의 자세가 찬양되기 시작한 것은, 잊혀진 혁명가이자 잊혀진 노동운동가인 이재유가 새롭게 조명받게 된 1980년대 들어서다.

오랜 탈주의 끝, "나는 공산주의자다"

1934년 5월 21일 미야케의 집을 탈출한 이재유는, 총독부 경찰의 예상과는 달리 계속 서울에서 숨어 지냈다. 공사장 등의 일을 하며 거처를 옮겨 지내던 그는 1933년에 함께 운동했던 이들 중 체포에서 풀려난 이들과 연락하기 위해 노력했다. 이재유 그룹에서 활동한 경험이 있는 박진홍과 연결된 이재유는 신당동에 방을 구해 동거하게 된다. 경찰에 쫓기는 상황에서 평범한 부부로 가장해 생활하는 편이 안전했기 때문에 신변 보호를 위한 일종의 위장책이었다. 그들은 주변 사람들에게 부부라고 속이고 일종의 동지적 관계로 조직 재건에 나섰다.

이때 이재유는 믿을 만한 활동가로 이관술과 박영출을 만나게 된다. 이관술은 동덕여고보 교사 출신으로 반제동맹(일본의 제국주의에 대항하는 반제국주의 동맹) 등을 조직하며 사회주의 운동을 전개하다 체포된 후 출옥한 상태였다. 박영출은 교토제국대학 출신 지식인으로 혁명운동에 몸을 바칠 결심을 하고 있었다. 이재유는 이미 서울의 운동가들에게 이름난 지도자급 인물이었기에 이들 셋은 이재유를 중심으로 새롭게 운동을 재건하기로 결의했다.

그러나 이 활동은 그리 오래가지 못했다. 1934년 10월에 이재유

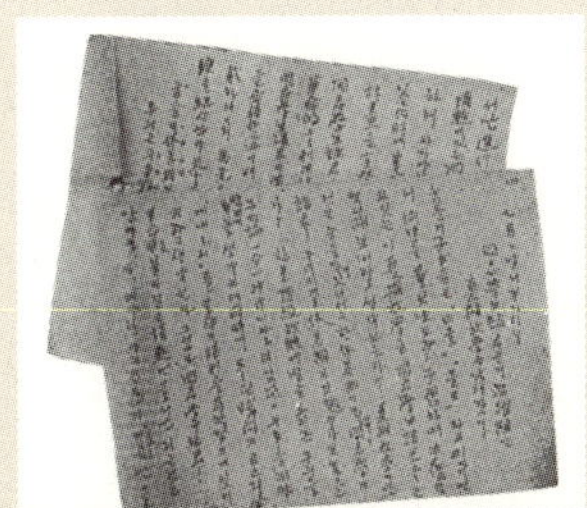

이재유의 동지이자 아내였던 박진홍과
동거 시절 이재유가 남긴 혁명의 글들.

그룹에서 활동하던 공성회 등이 체포되면서 이재유를 잡으려는 경찰의 손길이 계속 좁혀지고 있었기 때문이다. 1935년 1월 경찰의 손길이 이재유와 동거하고 있던 박진홍에게까지 미쳤다. 박진홍이 귀가 시간이 넘도록 돌아오지 않자 이재유는 즉시 신당동 아지트를 버리고 박영출의 하왕십리 아지트로 옮겼다. 박진홍은 이미 체포된 상태였고, 이튿날 상황을 확인하기 위해 신당동 아지트로 간 박영출 또한 잠복해 있던 경찰에 체포되었다. 박영출까지 돌아오지 않자 이재유는 아지트를 정리하고 이관술과 함께 서울을 떠났다. 농지와 조직을 잃고 서울을 떠나야만 하는 이재유보다 더 뼈 아프게 땅을 치며 분통을 터뜨린 건 총독부 경찰이었다. 이재유를 눈앞에서 놓친 꼴이었기 때문이다.

이재유와 이관술은 일단 서울을 벗어나기로 했다. 이재유는 얼굴에 검댕을 칠하고 삼태기를 든 낚시꾼 차림으로, 이관술은 석유 상자를 등에 지고 달걀 꾸러미를 손에 든 채 도피 생활을 시작했다. 서울 근교를 여기저기 다니다가 그들이 정착한 곳은 경기도 양주군 노해면 공덕리, 지금의 서울시 태릉 근처였다. 그들은 이재민으로 위장했다. 1934년 여름, 큰 수해로 낙동강 하류의 김해 일대가 물에 잠겼고 집과 땅을 잃은 많은 사람들이 살길을 찾아 고향을 떠났다. 이재유와 이관술도 지난 여름 물난리로 고향을 떠난 김해 출신 이재민이라고 신분을 속이고 공덕리 마을에 정착했다. 고향은 경남 김해 대저면이라 하기로 했고 이관술이 형 김대성, 이재유가 동생 김소성이 되었다. 이재유와 이관술은 황무지를 빌려 농사를 지으며 생활했고, 마을 사람들은 이들을 전혀 의심하지 않았다. 이재유는 함경도 출신이라서 말투를 속이기가 어려웠지만, 다행히 경남 언양이 고향인 이관술은 경남 사투리를 거리낌 없이 구사할 수 있었다.

이재유가 서울 근교 공덕리에 정착해 숨을 돌리고 있던 1935년 내내 경찰은 이재유 체포를 제일 목표로 삼았다. 1935년 8월에 이재유 사건에 대한 보도 금지가 해제된 후 신문은 연일 이재유 관련 기사를 내놓고 있었다. 이재유 그룹을 포함해 서울, 강릉 등지의 여러 사회주의 그룹을 묶어서 만들어 낸 사건, 즉 '조선공산당 재건 동맹사건' 관련자들이 공판에 회부되고 있었다. 그런데 이 사건의 핵심 인물인 이재유가 쏙 빠진 것이다.

한글 신문들은 담당 재판장의 말을 빌어 경찰을 조롱하는 기사를 내보내기도 했다. '(이번) 사건은 이재유가 중심인 사건이니만큼 이재유가 있어야 좀 더 재미있는 사건의 내용과 외부와의 연락 등을 알 수가 있겠는데 이재유가 없는 관계로 흥미 있는 내용은 알 수가 없을 듯하다'는 재판장의 말을 인용하며 '이재유 없어서 흥미가 반감'이라고 제목을 뽑았다.

정확히 보자면 이른바 '조선공산당 재건 동맹사건'은 일제 경찰이 만들어 낸 사건이고 그 실상은 보다 큰 건수임을 과시하기 위해 연관도 없는 독자적인 사회주의 그룹들을 검거해 하나로 묶어 놓은 것이었다. 그러니 이재유는 검거된 여러 그룹 중 하나의 대표 인물이기는 했어도, 이른바 '조선공산당 재건 동맹'이라는 거대 조직의 우두머리는 아니었다. 하지만 일제 경찰의 손아귀를 벗어나 탈출과 지하 활동의 귀재가 된 이재유는 이미 관심의 초점이 되어 있었다. 이제 서울 지역의 어떤 사회주의 비밀결사를 검거해도 이재유가 없으면 핵심이 빠져 있는 것으로 여겼고, 이것은 경찰과 신문기자, 그리고 신문을 읽는 일반인들도 마찬가지였다.

1935년에도 여전히 서울 시역의 사회주의 운동가들은 비밀결사를 조직하고 선전과 투쟁을 계속했다. 이들은 이재유와 직접적인 관계가 없어도 경찰에 체포되면 제일 먼저 이재유와의 관계에 대해 말해야만 했다. 경찰은 그때마다 이재유의 흔적을 잡을 수 있으리라 기대했지만, 그 기대는 번번이 무너지고 말았다. 이 무렵, 즉 1935년 8월에서 10월 사이에 여러 차례 검거 선풍이 있었으며 이때 희생된 이들이 권우성, 변기학, 정재철 등이다. 경찰의 고문이 그들을 쥐어쌌지만 이재유와 직접적인 관계가 없고, 그에 대해 아는 것도 없는 이들에게서 어떤 것도 알아낼 수가 없었다.

이재유가 서울 지역 운동가들과 연락을 취하며 활동을 재개한 것은 1936년 들어서였다. 이전의 운동가들이나 주변 인물들 중 활동을 계속할 수 있는 사람들을 찾기 시작했고 천천히 그룹의 성원을 확보하면서 서울 지역의 또 다른 사회주의 그룹 — 권영태 그룹의 후계 조직이라고 볼 수 있는 김희성 그룹 — 과의 통일도 시도했다. 그 결과가 신통하지는 않았다. 그리고 1936년 10월부터 팜플렛 형태의 사회주의 비밀 신문인 《적기》를 내기 시작했다. 《적기》를 통해 사회주의 사상과 운동 방침을 선전하고 그 비밀 신문의 배포망을 통해 조직을 확충하고자 했다. 이재유와 이관술은 대개 공덕리의 집에 머물면서 운동 방침을 만들고 비밀 신문을 제작했다.

이때 이재유와 살아남은 서울의 사회주의 운동가들을 연결하고 조직을 만드는 등의 역할을 담당한 사람이 서구원과 최호극이다. 병 때문에 고향인 함경도로 돌아가 쉬려 했던 서구원이 체포되면서 이재유의 소식이 경찰의 귀에 들어가게 됐다. 서구원을 심문하는 과정에서 서구원이 이재유와 연락한 적이 있고, 이 연락이 최호극에게 인계됐다는 사실을 알아낸 경찰은 곧바로 최호극을 체포했다. 1936년 12월의 일이다. 체포된 최호극에게서 12월 25일 이재유와 만나기로 한 약속 장소와 시간을 알아낸 경찰은 흥분했다. 이재유 사건을 총지휘하던 경기도 경찰부 고등과에 팽팽한 긴장감과 들뜬 흥분이 뒤섞였다.

최호극은 12월 25일 오전 11시 경기도 양주군 노해면 창동리의 야산에서 이재유와 만나기로 되어 있었다. 지금의 서울시 도봉구 창동 근처로 창동과 우이동 사이의 고개가 있는 곳이었다. 다카무라(高村)는 12월 23일 현장에 출동해 그곳의 지리를 충분히 익혔다. 12월 23일 밤 고등과 과장 나카무라(中村)의 주재로 고등과 간부들의 회의가 열렸다. 다카무라, 미와(三輪), 다케쿠마(竹能) 등이 참석한 회의에서 당일 이재유 체포 방법에 대한 결정이 내려졌다. '현물(최호극)'을 데리고 가서 이재유와 만나게 한 다음 현장에 매복해 있던 경찰이 체포한다는 내용이었다.

최호극을 동소문 밖 길음리(현재 서울시 성북구 길음동)에서 놓아주고 경찰이 따라붙었다. 현장에는 다카무라가 지휘하는 경찰이 약속 장소와 가장 가까운 곳에 배치되었고, 미와와 다케쿠마가 지휘하는 경찰은 주변의 연결로를 차단하며 배치되었다. 이재유가 눈치채지 못하도록 현장의 모든 경찰은 조선 평민의 일상 복장을 했다. 배치된 인원은 모두 32명이었다. 이재유가 약속 장소에 나타나면 체포 개시의 신호로 하늘에 권총 세 발을 쏘기로 했다.

12월 25일 오전 11시를 넘겨 현장에 최호극이 나갔고, 11시 20분쯤 드디어 이재유가 모습을 나타냈다. 순간 권총 세 발이 울렸고 변장하고 숨어 있던 경찰들이 일제히 이재유를 쫓기 시작했다. 이재유는 숨이 터져라 달렸나. 경찰은 '강도야!'라고 외치며 이재유를 쫓아 주변 사람들이 체포를 방해하는 일이 없도록 했다. 게다가 운이 좋으면 사람들의 도움을 받을 수 있도록 '강도야'라고 외치기로 했던 것이

신출귀몰하던 이재유를 체포한 경기도 경찰부 형사들은 이재유를 세워 놓고 기념 촬영을 했다. 앞의 왼쪽 두 번째가 이재유며, 경찰들은 체포 작전을 위해 조선인으로 변장한 모습이다.

다. 창동 근처 철도 건널목에 이른 이재유는 더 이상 뛸 수 없었는지 돌을 주워 던지며 "나는 강도가 아니라 공산주의자다"라고 외쳤다. 뒤이어 쫓아온 경찰들이 그를 덮쳤고 마침내 이재유가 체포되었다. 11시 40분 경이었다.

그렇게 뒤를 캐며 쫓아다녔던 이재유를 체포하자 그 공로를 남기고 싶었던 경찰들은 이재유를 대열에 끼워 넣은 채 기념사진을 찍었다. 기념사진에는 담담한 듯 무표정한 이재유 옆으로 조선인 일상복을 입은 자랑스러운 표정의 경찰들이 쭉 늘어서 있다. 이날 이재유 그룹의 관계자이자 다다미 방 아래에 이재유를 숨겨 주었던 사회주의자인 (前)경성제국대학 교수 미야케가 가출옥의 혜택을 받아 출옥했다.

투옥, 신념 그리고 죽음

이관술은 살아남았다. 이미 12월 23일 무렵 이관술과 공덕리의 아지트 정리를 계획하고 있었던 이재유는 체포된 뒤 경찰들에게 공덕리 아지트에 대해 말하지 않았다. 경찰은 이재유의 입을 열지 못했고, 이렇게 하루 동안 공덕리 아지트가 노출되지 않도록 지켜낸 이재유는 충분한 시간이 지났다고 판단되자 공덕리의 주소를 말했나. 경찰이 그곳에 도착했을 때는 이미 이관술은 떠난 후였고, 주요 문서들은 아궁이의 재로 변한 다음이었다.

이재유가 체포되고 닉 달이 시난 4월 말 이재유 체포 사건에 대한 보도 금지가 해제되었고 신문들은 4월 30일 '탈주, 탈주, 탈주 4년간, 적색 거두 이재유 피체'를 전하는 호외를 발행했다. 한글 신문 중

이재유 체포를 대서특필한 일본이 발행한
《경성일보》 호외기사(1937년 4월 30일).

에는 《조선일보》만이 유일하게 호외를 발행했다. 《동아일보》와 《조선중앙일보》는 베를린 올림픽 마라톤 우승자 손기정의 사진에서 유니폼 일장기를 지운 사건 때문에 정간 중이었다. 거물 사회주의자이자 신출귀몰한 탈주의 귀재이며 비밀 활동의 달인인 이재유가 마침내 체포되었다는 것을 식민지 백성들도 알게 된 것이다.

이재유는 서대문경찰서 탈출 이후의 행적을 집중적으로 심문받았다. 경찰의 심문, 검사국 검사의 심문, 예심 판사의 심문 등 재판에 가기까지 1년 6개월이 넘는 오랜 취조와 심문을 받은 후 1938년 6월에 이르러서야 이재유 등에 대한 공판이 개정되었다. 이 1년 6개월 동안 세상에는 큰 변화가 있었다. 이재유가 체포되고 6개월 보름이 지난 1937년 7월 일본이 중국을 침략해 중일전쟁이 개시된 것이다.

일본이 중국을 전면적으로 침략하면서 식민지인 한국도 모든 물적·인적 자원을 전쟁에 동원하는 전시 총동원 체제로 조직되기 시작했다. 일본 제국 전체가 광기의 전쟁 열풍에 휩싸였고 적어도 당시에는 그들이 승리하고 있었다. 일본군은 중국 대륙을 유린했고 1년여 만에 중국의 주요 지역을 대부분 장악했다. 동아시아에서 일본군을 막을 만한 힘은 없어 보였고 팽창하는 일본 제국은 무너질 기미가 보이지 않았다. 무너지기는커녕 더 강성해지는 것처럼 보였다. 일본 제국의 강력함은 눈이 부실 지경이었고 전시 동원 체제는 식민지 한국을 더욱 꽉꽉 죄어 왔기에 그 저항의 힘은 눈에 띠게 쇠퇴했다.

1930년대 중반 이후 퇴조하던 국내의 민족운동과 사회운동은 중일전쟁 이후 몇몇 소규모 비밀결사만으로 명맥을 유지했다. 이재유의 공판은 이런 시기에 열렸다. 첫 공판은 1938년 6월 24일에 경성지방법원에서 열렸다. 경성지방법원은 지금으로 치면 서울지방법원에 해당하는 것으로 현재의 서소문동 서울시립미술관 건물에 있었다. 이재유와 함께 공판에 회부된 이들은 변우식, 서구원, 최호극 등 모두 일곱 명이었다. 이들은 이재유 그룹과 조금씩 연관이 있기는 했지만 이재유 그룹의 핵심 성원늘은 아니었다. 이재유가 공덕리에 농민으로 정착해 살던 시절 활동 재개를 꾀하면서 연결된 사림들일 뿐이있다. 마지막 시기에 이재유 그룹의 핵심 역할을 하던 이관술은 이미 도주한 상태였다. 공판에 회부된 이들 중 이재유를 제외하고는 이미 ‘사회주의에 더 이상 공명하지 않는다’고 선언한 상태였다.

6월 24일 공판 당일에 이재유는 자신의 활동과 사상에 대해 말할 자유를 위해 싸웠다. 공판정에는 이재유를 고문 취조한 다카무라가 나와 있었다. 이재유는 공술의 자유를 주장하며 다카무라의 퇴장을 요구했으며, 또 이날 병으로 공판에 출석하지 못한 서구원의 상태를 알려 줄 것을 요구했다. 재판부는 이재유의 요구를 거부했고, 그의 권리는 보장되지 않았다.

7월 5일 두 번째 공판이 열렸고 징역 8년이 구형되었다. 재판에 출석한 피고인들의 최후 진술이 있었는데 이재유의 순서가 되자 공판이 비밀재판이 되어 버렸다. 검사 측에서 이재유의 최후 진술은 안녕과 질서를 해칠 우려가 있다는 이유로 공개 금지를 요청한 것이다. 이재유의 최후 진술은 비공개로 진행되었고 그마저도 제대로 진행되지 못한 채 재판부의 제지로 끝나고 말았다.

이재유는 짧은 최후 진술에서 일본 제국주의가 결국은 망할 것이라는 자신의 신념을 밝히고 공판에 회부된 동료들에 대해서는 "공산주의라고 칭할 만한 의식 수준에 이르지 못했고 함께 공산주의 운동을 한 것은 아니다"라고 진술했다. 전향을 선언한 동료에 대한 비판이라기보다는 마지막에 자신을 도와 준 친구들을 보호하는 발언이었다. 이재유는 최후 진술에 대한 청원서를 내고 재판부 기피(법관이나 법원 직원이 한쪽 소송 관계인과 특수한 관계에 있거나 어떤 사정으로 불공평한 재판을 할 염려가 있다고 여겨질 때 다른 쪽 소송 당사자가 그 법관이나 직원의 직무 집행을 거부하는 일)를 신청했다. 고문에 의한 경찰 조서나 출장 검사에 의해 작성된 형식적인 검사 조서, 경찰 조서를 되풀이한 예심 조서와 자유로운 발언이 금지된 상태에서 진행된 공판 과정을 돌이켜

보건대, 자신의 자유로운 최후 진술은 사건의 실제를 알릴 수 있는 기회로 보장받아야 한다는 것이었다. 최후 진술 청원과 재판부 기피 신청은 모두 기각되었다. 7월 12일 선고 공판에서 이재유는 징역 6년을 선고 받았다.

이재유는 감옥에 갇힌 후에도 전향을 거부했다. 전향은 일제 사법제도에만 있는 특이한 제도로 한마디로 말하자면 '생각을 바로잡는 것'이 목표인 사법제도다. 일제에게 '바로잡는다'는 의미는 '일본 제국의 정당성을 인정하고 만세일계(일본 천황가의 혈통이 단 한 번도 단절된 적이 없다는 주장) 일본 천황의 아들과 딸로서 천황의 신민(臣民)됨'을 인정한다는 뜻이다. 이재유는 한국의 해방과 공산주의 이상향에 대한 신념을 버리지 않고 끝까지 전향하지 않았다.

그 대가는 꽤나 혹독했다. 1941년에 일제는 예방구금제도를 시행했다. 예방구금이란 말 그대로 예방적 차원에서 사람을 구금한다는 뜻이다. 과거 행위에 대한 처벌이 아니라 미래 행위에 대한 예방적 처벌이었다. 이재유는 이 제도 때문에 만기 징역을 다 채우고도 출옥하지 못하고 청주보호교도소에 계속 구금되었다. 각기병으로 고생하던 이재유는 끝내 해방을 보지 못하고 1944년 10월 26일 옥사했다.

이재유가 목숨을 걸고 지키려 했던 신념이 무엇인지 살펴볼 수 있는 자료가 일제 사법 당국에서 내부 자료로 비밀스럽게 취급하던 《사상휘보》에 실려 있다. 〈조선에서 공산주의 운동의 특수성과 그 발전의 가능 여부〉라는 제목의 글인데 일제 경찰의 손을 거친 이 글을 통해서나마 이재유의 신념을 엿볼 수 있다.

진정한 공산주의 사회는 이러한 모습일 것이다.

1. 사회적 생산력이 고급화하여 아주 적은 사회적 노동으로 생산된 풍부한 생산물을 각자의 희망대로 사회적으로 소비하게 된다.

2. 사회적 생산과 고급한 사회적 교육이 전체 사회 구성원에게 보급되어 지배와 피지배, 압박과 피압박의 관계가 없기 때문에 억압적 국가권력은 사멸하고 다만 그곳에는 사회 구성원의 자유의지에 따른 정치적 위원회가 있을 뿐이다.

3. 예술, 과학의 고도화에 따라 미신도 종교도 소멸해 버리고 전체 사회 구성원은 모두 보다 나은 생활을 하려 하기 때문에 자연을 정복하기 위한 연구, 발명에 총동원될 것이다.

4. 특히 사회 구성원으로서의 남녀 문제는 생산, 정치, 교육, 연구, 발명과 기타 모든 문제에서도 어떠한 차별도 없을 것이기 때문에 그곳에는 남녀가 단지 성적 대립자로서만 존재할 것이다. 확고한 개성이 사회화된 남녀이기 때문에 진정한 자유와 평등에 의해서 물질적으로 정신적으로 예술적으로 기타 모든 생활에서의 통일 과정으로써 남녀의 연애는 끊을래야 끊을 수 없는 진정한 통일체로 성립될 것이다.

이재유는 당시 사회주의자들과 마찬가지로 위 인용문에 묘사된 이상적인 공산주의 사회로 가는 것이 필연이며 과학적으로 증명된 것이라고 여겼다. '공산주의 이상사회'는 당시 세계를 통제하던 제국주의의 태내에서 자라고 있는데 각 민족과 나라마다 특수한 조건에서 특수한 과정을 밟으며 진행되고 있다고 했다. 당시 한국에서의 특수성이란, 후진적인 일본 제국에 의해 정치, 경제적 측면뿐 아니라 역사, 문화적 측면의 억압에서 생기는 것으로 자본주의적 착취가 낡은 봉건적 수탈과 연결되어 있어 그 사이에서 한국의 민중이 고통받고 있으며 자본주의로의 발전을 주도할 민족 부르주아지(자본가 계급)가 일본 제국주의와 타협하고 있다는 것이었다. 그래서 이재유는 '공산주의 이상사회'를 꿈꾸는 운동의 당면 과제로, 아래 다섯 가지 사항을 제시했다.

1. 조선 절대 독립!
2. 노동자 농민의 소비에트 정부 수립!
3. 대토지 소유 몰수, 농민에게 토지 분배!
4. 노농 소비에트 정부에서 금융 및 대생산 기관을 직접 경영!
5. 노동자 환경 상태의 철저한 개선과 7시간 노동제 실시!

이재유는 일본 제국주의에 반대하며 공산주의 이상사회를 실현하는 것만이 역사의 흐름과 함께하는 것이라고 믿었고, 그 믿음으로 일본 제국의 폭력에 대항하여 비밀결사 운동을 펼치다 일본 제국주의가 만든 감옥에서 옥사했다.

이재유, 그의 인연들

이재유 체포 당시 검거를 피한 이관술은 비밀결사 활동을 멈추지 않고 '경성콤그룹'을 만들기에 이른다. 경성콤그룹은 이재유 그룹에서 활동하던 인물들이 만든 후계 조직으로 이관술, 이현상, 김삼룡 등이 중심이었다. 이들은 모두 권영태와 이관술의 여동생 이순금 그룹에 가담한 바 있으며 이재유가 미야케의 집을 탈출할 때 옷과 자금을 마련해 준 정태식 등도 이 그룹에 관계하고 있었다.

경성콤그룹은 1941년 이관술, 이현상, 김삼룡 등이 검거되어 일차 와해되었다가 이관술의 석방 이후에 경찰의 감시를 피하며 제2차 세계대전이 끝나던 때까지 비밀스럽게 연락망을 유지하며 활동을 지속했다. 1937년 중일전쟁 이후는 민족주의 그룹과 사회주의 그룹의 국내 활동이 적고 운동선을 이탈하거나 더 나아가 친일 활동을 펼치던 이들이 더 많던 때였다.

그래서 1945년 8월 15일 해방이 도둑처럼 다가왔을 때 이 그룹은 사회주의 운동의 핵심 그룹으로 부상할 수 있었다. 일제에 맞서 끝까지 운동을 저버리지 않았다는 도덕적 우위와 지속적인 운동 전개로 다져 온 조직력과 개개인의 뛰어난 활동 능력까지 합해져 해방 직후 사회주의 운동 내부의 주도권을 잡은 것이다. 해방 후 이들은 스스로를 '어두운 밤의 한줄기 등불, 탁한 물결 속의 맑은 물줄기'라고 표현해 주변의 경계와 비난을 사기도 했지만 아마도 다들 그만큼의 자부심을 안고 해방을 맞이했을 것이다.

결국 이재유 그룹의 활동가들이 해방 직후 사회주의 운동의 주도권을 잡은 셈인데 이때 이 그룹의 지도자가 박헌영이었다. 박헌영은 1920년대부터 사회주의 운동에 참여한 인물로 '신의주 사건'(1925년 11월 신의주에서 발단이 된 조선공산당 당원들이 검거된 사건으로, '제1차 조선공산당 검거 사건'이라고도 한다)이라고 불리는 대검거 때 체포되어 1928년 정신이상으로 보석 출옥한 후 소련으로 망명했다. 소련에서 코민테른 동양비서부 조선위원회 위원으로 활동했으며 조선공산당 재건 운동을 지휘하는 임무를 띠고 중국 상해에서 활동하다가 체포되었다. 1939년에 출옥한 후 이관술 등 이재유 그룹의 운동가들이 조직한 비밀결사 경성콤그룹에 가담해 지도자가 되었다.

결국 이재유 그룹에서 단련된 운동가들의 지도자가 된 셈이며 이 인연 덕분에 해방 이후 박헌영이 남한 사회주의 운동의 최고 지도자로 부상할 수 있었던 것이다. 또 이재유가 1933년 처음 만난 '국제선' 김형선의 지도를 담당하던 이가 박헌영이었으므로 이재유와 박헌영은 한 번도 만난 적은 없지만 둘 사이를 매개하는 인물들—이관술, 이현상, 김삼룡 등— 덕분에 끈질긴 인연을 맺고 있었던 셈이다.

이관술은 해방 직후 재건된 조선공산당에서 총무부장 겸 재무부장을 역임했고, 1946년 광복 후 혼란기를 틈타 남한 경세 교란과 당비 조달을 목적으로 조선공산당이 일으킨 지폐위조 사건인 일명 '정판사 사건'으로 체포되어 결국 석방되지 못했다. 대전형무소에 수감되어 있다가 6·25가 발발하면서 처형된 것으로 알려져 있다. 이현상은 해방 후 조선공산당 조직국 위원 등을 역임하며 사회주의 운동의 중심 인

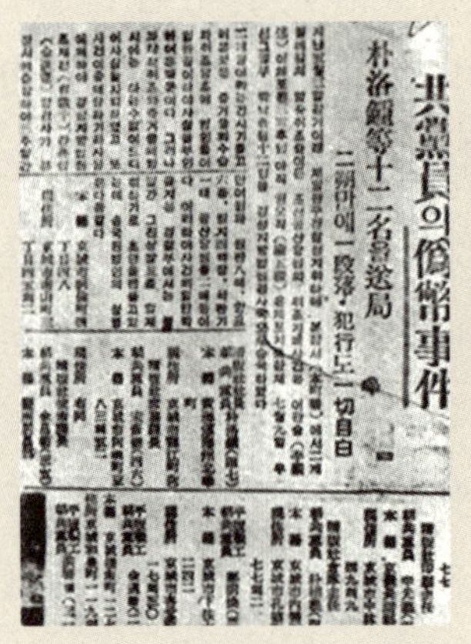

1946년 조선공산당 위조지폐 사건인 '정판사 사건'을 다룬 《경향신문》 기사(좌), '정판사 사건' 공판 모습(우).

물로 활동하다가 1948년 무렵 지리산에서 빨치산 활동을 시작하여 지리산 지역 빨치산 부대인 남부군의 지도자로 활동하다가 1953년 빨치산 토벌 부대에게 사살되었다. 김삼룡은 재건된 조선공산당 조직부장 등을 역임했으며 남북한의 분단이 기정사실로 되어 사회주의 운동이 사실상 비합법 상태로 빠진 1948년부터 남로당(남조선노동당, 조선공산당 등이 중심이 되어 결성된 좌익 정당)의 총책임자로 서울에서 비밀 활동을 펼치다가 한국 경찰에 체포되어 사살되었다.

이처럼 1944년 옥사한 이재유의 '핵심 동지'들은 해방 정국에서 사회주의 운동의 중심 인물로 활동하다가 죽음을 맞았다. 이재유와의 인연을 따지자면 박진홍을 빼놓을 수 없다. 박진홍은 1935년 1월 체포될 당시 이재유의 아이를 임신한 상태였다. 박진홍이 감옥에서 아들을 낳자, 당시 신문들은 박진홍을 '이재유의 애처'로 표현하며 극적 긴장감을 돋우기 위해 박진홍과 그의 아들 모습을 집중적으로 보도했다. 옥중에서 태어나 건강하지 못했던 아들은 결국 두 살 때 죽고 만다. 박진홍은 이후에도 투옥과 출옥을 반복했고 1944년 경성콤그룹 관계자인 국문학자 김태준과 함께 마오쩌둥의 항일 근거지인 중국 연안으로 떠났다. 아내를 잃은 김태준과 박진홍은 연인이 되었고, 해방되자 국내로 들어와 사회주의 활동을 재개했다.

최제우 _ 진흙 같은 세상 속에 연꽃처럼 피어난 동학

난 세 의 진 인 , 이 땅 에
영 원 한 이 상 향 의 불 꽃 을 남 기 다

최제우는 "동(東)에서 태어나 동에서 받았으니 도(道)는 천도(天道)라 하나 학(學)은 동학(東學)이다. 하물며 땅이 동서로 나뉘어 있는데 서(西)를 어찌 동이라 하며, 동을 어찌 서라 하겠는가"라고 하며 자신의 가르침을 동학이라 하였다. 특히 최제우가 동학을 창도해 포교할 즈음 영불 연합군의 북경 점령(1860년) 소식이 전해지면서 서양인의 침략에 대한 막연한 두려움이 사람들 사이에 퍼지고 있었다. 그런 분위기 속에서, 서학과 대척점을 긋고 그 대안으로 제시된 동학은 더욱 호소력이 있었다.

홍동현 : : 역사문제연구소 연구원

최제우
1824~1864

1824년 음력 10월 28일 경상북도 월성군 현곡면 가정리에서 양반 최옥과 재가한 어머니 한씨 사이에서 태어났다.

10년 이상 전국을 유랑하며 유불선(儒佛仙) 삼교와 서학, 무속, 《정감록》과 같은 비기도참사상 등 다양한 사상을 접하고, 정부의 과도한 세와 가난으로 고통받는 민중의 참담한 생활을 직접 체험했다. 우연히 《을묘천서》라는 비서(秘書)를 얻어 일종의 신비 체험을 한 끝에 경상남도 양산의 천성산 자연 동굴에 들어가 49일 기도를 했다. 구도 생활을 하던 최제우는 36세가 되던 해에 고향으로 돌아와 1년 뒤인 1860년 음력 4월 5일에 이른바 '천사문답(天師問答)'이라는 한울님과의 문답을 통해 천주 강림의 도를 깨닫고 동학을 창시했다. 당시 조선에는 열강 세력이 침투하기 시작하면서 민족적인 위기의식이 조성되어 있었다. 특히 서학(천주교)의 전래는 조선에서 많은 마찰을 일으켰다. 이에 최제우는 서학에 대항하여 유교·불교·선교 등의 교리를 종합한 민족 고유의 신앙인 동학을 창시했고, 인내천 사상과 만민평등을 주장했으며, 후에 천도교로 이어졌다.

최제우는 동학을 포교하기 시작한 지 만 3년도 되지 않은 1863년(철종 14) 12월에 체포되었고, 이듬해 3월 10일 '사악한 도로 정도를 어지럽혔다는 죄(左道亂正之律)'로 대구 경상감영 안의 관덕당 뜰 앞에서 처형당했다. 저서로 《동경대전》, 《용담유사》 등이 있다.

자네 혹시 '東學'을 들어 보았나?

"자네 혹시 '동학'을 들어 보았나? 내 일전에 재 너머 박 모에게 들었는데, 동학이라는 훌륭한 제세안민지도(濟世安民之道, 세상을 구하고 백성을 편안하게 함)가 있다더군. 그것을 믿으면 상놈이 양반이 되고, 가난뱅이가 부자 되고, 약을 쓰지 않아도 병이 낫고, 별별 조화가 많다고 하던데 우리 그것을 믿어 보세."

조용하기만 하던 시골 마을이 갑자기 술렁이기 시작한 것은 '동학'과 소화를 부린다는 최제우에 관한 이야기가 퍼지기 시작하면서부터다. 들이고 주막이고 사람들이 모이는 곳이면 화젯거리가 되었고, 밤이면 이 요상한 이야기를 확인하기 위해 한두 명씩 무리를 지어 성상도 경주 어느 조그마한 마을에 있는 용담정으로 모여들기 시작했다.

사인여천(事人如天, 한울님을 공경하듯이 사람도 똑같이 공경하고 존경

동학의 창시자 최제우.

해야 함)이라 하여 상하귀천 남녀존비할 것 없이 맞절하고 경어를 쓰며 서로 존경하니 도인들은 모두 천민(天民)이오, 서로 도우며 먹으라고 권하니 이곳이야말로 천국이었다. 재기가 있으나 뜻을 펴지 못한 선비, 탐관오리의 침학을 받으면서도 호소할 길이 없었던 농민, 장사를 해도 이익을 남기지 못하는 상인 등 '사농공상(士農工商)'할 것 없이 억울함과 분함을 호소할 곳 없던 사람들에게 동학은 그야말로 광제창생(廣濟蒼生, 널리 백성을 구제함)할 '오백년지대도(五百年之大道)'였다. 동학을 접한 사람들은 가족과 친지나 이웃 사람들에게 권하기 시작하더니, 이제는 봄잔디에 불붙듯 퍼져 나가 밤마다 주문 외는 소리가 끊이질 않았다. 마침내 경주 조그마한 마을에서부터 전라도 산골까지 동학과 이것을 창도한 수운 최제우를 모르는 사람이 없을 정도였다.

사실 사람들은 이미 오래전부터 고통스러운 삶에서 해방시켜 줄 진인(眞人, 도를 깨쳐 깊은 진리를 깨달은 사람)의 출현을 고대하고 있었다. "우리 앞에는 남조선이 있으며, 시기가 되면 진인이 출현하여 우리를 그곳으로 인도하여, 지금 있는 고통이나 졸라매고 있는 모든 것들이 없어지고, 바람이나 하고자 하는 일은 모두 저절로 성취되는 좋은 세월이 올 것이다"(최남선,《조선상식문답》)라는 이야기가 입에서 입으로, 또는 《정감록》(조선 중기 이후 백성들 사이에 유포된 나라의 운명과 백성의 앞날에 대한 예언서) 같은 비기(秘記)로 전해 오고 있었다. 때로는 진인을 자처하는 사람들이 나타나 지상천국에 대한 희망을 불어넣기도 했다. 특히 한때 관서 지방을 휩쓸었던 홍경래에 대한 민중들의 기대는 대단했다. 홍경래의 활동이 실패한 이후에도 민중들은 여전히 "정주 성벽이 무너질 때 홍경래는 성 밖으로 몸을 날려 먼 곳으로 달아났다. 그날 죽은 사람은 가짜 홍경래다"라며 홍경래가 여전히 살아 있다고 믿었다. 실제로 홍경래가 제주도(1813년 12월 제주고변)에서 때론 전주(1817년 3월 전주고변)에서 다시 살아나 민중들을 구원하기 위한 대군을 이끌고 왔다는 풍문이 돌기도 했다. 비록 진인을 자처한 사람들의 출현이 민중들이 기대했던 이상세계를 향한 봉기로까지는 발전하지 못했지만, 진인의 출현 그 자체가 고단한 현실에서 벗어날 수 있는 유일한 탈출구였다.

그렇다고 당시 민중들이 막연히 진인의 출현만을 기다렸던 것은 아니다. 그들을 억누르는 현실은 언제 출현할지 모르는 진인을 무한정 기다리기만 하기에는 너무 가혹했으며, 무자비하게 자행되는 수탈은 민중들의 생존을 위협하고 있었다. 이들의 일상은 항상 물이 턱까지 찬 상태로 물속에 서 있는 형상으로, 물결이 조금만 일어도 익사할 수밖에 없었다. 이런 상황에서 삼정문란(조선 재정의 주류였던 전정(田政), 군정(軍政), 환정(還政)이 문란하게 변질되어 부정부패로 나타난 현상. 19세기 홍경래의 난, 임술농민 항쟁 등 농민항쟁의 원인이 되었다)으로 지칭되는 수탈체제의 강화와 온정주의를 상실한 지주들의 토지 집적은 이들을 익사시키기에 충분한 물결이었다. 관에 가서 억울함을 호소하기도 하고, 지주에게 찾아가 굶주림을 하소연하기도 했으나, 이들에게 돌아온 것은 모진 매질과 쌓여 가는 부채뿐이었다.

薄言往愬虎守閽 달려가 호소하려 해도 범 같은 문지기 버티어 있고
里正咆哮牛去皁 이정이 호통하여 단벌 소만 끌려갔네.

— 정약용, 〈애절양〉

‘노전’이라는 마을에 살던 한 농부는 낳은 지 사흘밖에 안 된 사내아이가 군보(軍保)에 올라, 아이의 군포를 대신해 하나뿐인 소를 빼앗기자 자신의 생식기를 스스로 자르는 사건이 발생하기도 했다.

磨刀入房血滿席 칼을 갈아 방에 들더니 붉은 피 자리에 낭자하구나
自恨生兒遭窘厄 스스로 한탄하네 “아이 낳은 죄로구나”

— 정약용, 〈애절양〉

심지어 장마나 가뭄 같은 자연재해로 흉년이 거듭되는 상황에서도 구제는커녕 백지징세(실제 소유하지 않은 토지에 대해 가전적(假田籍)을 만들어 강제로 세금 징수), 족징(도피한 군역 의무자를 대신해 친척이 그 의무를 지게 함), 인징(도망자·사망자·실종자의 체납된 세를 이웃에게 징수) 등의 방법으로 더욱 가혹하게 수탈했다. 흉년에는 춘궁기에 곡식을 빌려 주고 풍년이 든 해에 이자를 붙여 거두어들이는 환곡제도가 있었으나, 오히려 그 이자를 불려 수령이나 구실아치들이 착복하는 데 이용했다. 당시 이런저런 명목으로 농민들이 부담해야 할 세금이 100냥이 넘었으며, 5~6마지기(1마지기는 논은 약 500~990제곱미터, 밭은 약 330제곱미터) 토지에서의 수확으로도 납부하지 못할 정도였다. 당시 쌀 1섬(140킬로그램)이 5냥이었으니, 총 20섬의 쌀을 세금으로 지불해야 했다(한국역사연구회, 《조선시대 사람들은 어떻게 살았을까》) — 참고로 당시 사노비들이 평민이 되기 위해 지불해야 하는 돈은 100냥이었다. 한 해 동안 다섯 명의 노동력과 소 한 마리로 약 50마지기를 소작해도 3섬 4말 정도밖에 남질 않았다고 하니 당시 농민들의 생활이 얼마나 궁핍했는지 짐작할 수 있다.

이와 반대로 토지를 소유한 양반 지주들은 신분을 이용해 각종 세금에서 면제되었으며, 비싼 고리대를 이용해 토지를 집적하고 있었다. 어떤 경우에는 쌀 한 말이나 닷 되로 소농민의 논 한 마지기와 맞바꾸기도 했다. 결국 양반 지주들은 더욱 넓은 땅을 차지하게 되고 농민들은 송곳을 세울 만큼의 땅도 없어 소작을 하게 되는데, 그중에 절반은 지대로 바치고 나머지는 각종 명목의 세금으로 빼앗겨 한 톨의 쌀도

갖지 못하는 악순환이 반복되고 있었다. 문제는 이런 악순환을 끊어 줄 만한 어떤 장치도 없다는 점이었다. 따라서 민중들은 모이기만 하면 자연스럽게 "우리가 손과 발에 못이 박이도록 일을 하더라도 끝내 우리가 먹을 아무것도 남지 않게 된다. 그러니 무슨 필요가 있어 반드시 농사를 지어야 하는가?"(《승정원일기》, 정조 22년 12월 20일)라고 불평했으며, 이런 불평들은 반란을 일으키려는 생각으로까지 나아갔다.

> 요즈음 부세가 과중하고 구실아치가 탐학하여 백성들이 살아갈 수 없으므로 누구나 난리를 생각하고 있다. 그래서 요사스런 말로 이쪽에서 부르짖으면 저쪽에서 호응한다. 이들을 국법에 따라 모두 죽인다면 살아남을 백성이 거의 없을 것이다.
>
> — 정약용, 〈병전〉, 《목민심서》

이제 이들은 억울한 일이 있어도 관아에 가서 호소하지 않았으며, 지주들의 온정도 바라지 않았다. 직접 자신들의 분원을 풀고자 하나둘씩 모였고, 가족들의 생계와 생존을 위해 곡괭이와 낫을 들기 시작했다. 그들은 관아를 부수고 수령을 내쫓았으며, 구실아치를 죽이기도 했고 자신들이 직접 읍정(邑政)을 행하여 폐막을 바로잡기도 했다. 처음 지리산 인근 마을에서 시작된 봉기는 이웃 마을로 번지더니 불과 몇 달 사이에 경상, 전라, 충청도 70여 마을에서 벌떼처럼 일어났다. 이들은 세상이 변할 것이라고 생각했다. 이제는 임금의 인정(仁政)이 행해질 것이라 굳게 믿었다. 실제로 탐관오리와 부정한 구실아치를 다스리고, 삼정의 폐단을 바로잡겠다는 '대경장(大更張, 제도를 크게 고쳐 새롭게 함)'의 약속을 받아내기도 했다. 하지만 어진 임금의 약속을 믿고 해산한 이들은 결국 봉기 참여자로 색출되어 처형됐다. 삼정을 바로잡겠다는 약속 또한 "너무 서둘러서 완벽하지 못할 염려가 있으니 옛 법규로 돌아가는 것이 도리어 낫다"고 하여 시행되지 않았다.

당시 삼남(충청, 전라, 경상)의 거의 전 지역에서 동시다발적으로 전개되었던 봉기가 실패한 것은 무엇보다도 민중들이 여전히 임금과 집권층에 대한 환상을 버리지 못했기 때문이었다. 이것은 곧 당시 민중들의 환상을 대신할 수 있었던 실제적인 대안이 없었기 때문이며, 결국 불만을 집단화시키지 못한 채 해산되었다. 봉기 이후 민중들의 좌절은 십승지(十乘地, 천지개벽이 있을 때 재앙을 피해 들어가는 열 군데의 터)를 찾아 현실에서 도피하려는 민간 사상으로 나타났으며, 한편 그들의 집단행동이 보여 준 가능성은 직업 봉기꾼의 출현 등 세상을 바꿔 보고자 하는 세력의 성장으로 나타났다.

이런 가운데 민중들 스스로 진인이 될 수 있으며(事人如天), 유교의 퇴폐상을 비판하며 세상을 구제하고 나라를 바로잡아 백성을 편안하게 할 것을 천명하고(輔國安民), 널리 백성을 구제하라(廣濟蒼生)고 가르지며, 실제로 여력이 있는 자들이 가난한 자들을 서로 도와주는(有無相資) 동학이 출현했다. 이 시기 동학은 당시 민중들에게는 안식처였으며, 변혁을 바라고 기회를 엿보던 봉기꾼들에게는 그것의 실현 가능성을 보여 주고 있었다.

나는 역적이 되려니와 너희는 순량한 백성이 돼라

보통 종교 지도자들은 자신을 따르는 자들에 의해서 신격화되는데, 이때 그의 탄생과 성장에 관한 신비스러운 설화가 만들어지곤 한다. 하지만 동학의 창시자 최제우는 신격화라기보다는 영웅적이지만 매우 인간적으로 묘사됐다. 게다가 만들어졌다기보다는 자전적 성격이 강한 특징이 있다. 그의 탄생에 관해서도 민중들에 의해 약간 윤색되긴 했지만 영웅(진인)의 탄생을 알리는 설화가 전해지고 있다.

> 하늘이 아주 맑았으며, 해와 달이 밝은 빛을 발했고, 상서로운 기운이 집 주위에 둘러졌고, 귀미산 봉우리가 기이한 소리를 내며 사흘을 울었다.
>
> — 강시원, 《최선생문집 도원기서》

경주에서 약간 떨어진 가정리라는 마을에서는 옛날부터 경주 최 씨 가문에 상서로운 인물이 탄생하면 주산인 귀미산이 울었다는 설화가 전해지고 있었다. 아마도 최제우가 "운무가 자욱하고 내금강 외금강이 두세 번 진동할 때 홀연히 산기가 있어 아들 아기 탄생하니 기남자 아닐런가."(최제우, 〈몽중노소문답가〉, 《용담유사》)라고 말한 것이 진인의 출현을 기대하던 민중들의 염원과 귀미산 설화가 결합되어 위와 같은 설화로 윤색된 것으로 보인다.

하지만 영웅의 출현을 알리는 탄생 설화와는 달리 최제우의 출생이나 성장기와 관련된 설화나 일화들은 결코 영웅적이지 않다. 그의

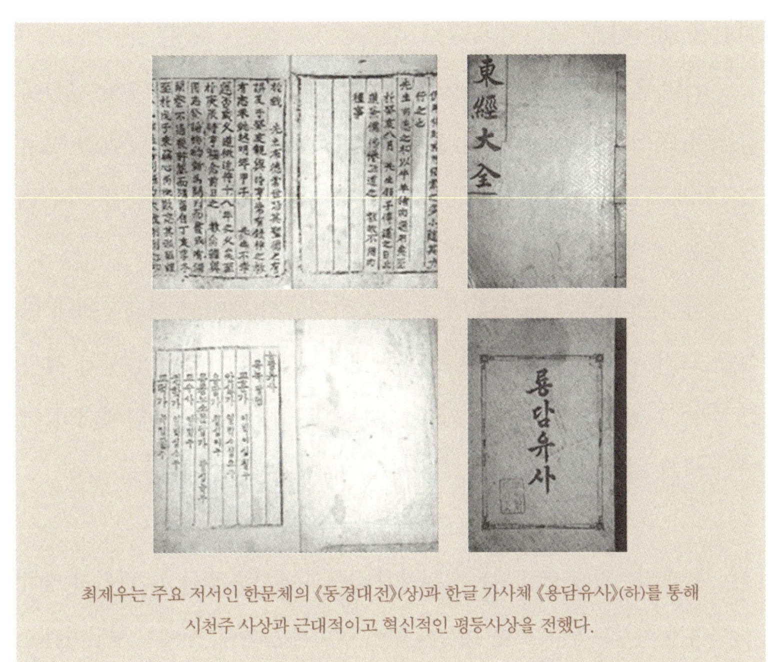

최제우는 주요 저서인 한문체의 《동경대전》(상)과 한글 가사체 《용담유사》(하)를 통해
시천주 사상과 근대적이고 혁신적인 평등사상을 전했다.

부친 최옥은 비록 벼슬에 나아가지는 못했으나 영남 일대의 선비들 중 모르는 사람이 없을 정도로 일대에서 알려진 유학자였다. 또한 과거제의 폐단을 지적하고 개혁을 주장했으며(최옥, 〈파과거사의(罷科擧私議)〉), 도지 소유의 제한을 주징하는 〈한민진사의(限民田私議)〉라는 글을 남길 정도로 현실 문제에도 관심을 보였던 전형적인 농촌 지식인이었다. 뿐만 아니라 과부의 개가를 허용할 것과 그 자손을 차별하지 말 것을 주장하는가 하면, 무속 행위에 대해서도 매우 전향적인 태도를 보였다. 최옥의 이런 유학적 소양은 최제우에게도 상당한 영향을 미쳤을 것이다.

귀미산 아래 용담서사(龍潭書舍)를 짓고 세속을 떠나 후학 양성에 힘쓰던 최옥이 뒤늦게 얻은 최제우에게 거는 기대는 상당했을 것이다. 최제우 또한 부친의 기대에 맞게 8세에 이미 시서(詩書)를 외우고 그 뜻을 이해할 정도로 학업에 재능을 보였다.

하지만 최옥과 재가녀 곡산 한씨 사이에서 태어난 최제우에게 현실은 그리 평탄치 않았던 것으로 보인다. 집안에는 이미 양자가 제사를 받들고 있었으며 정식 혼례를 올리지 않은 세 번째 부인에게서 태어난 서자 최제우는 이방인 그 이상도 이하도 아니었다.

형이 되는지 동생이 되는지 양자가 들어와 제사를 받들고, 한 다리 떨어져서 서자로 난 수운은 제사도 같이 지내지 못하며, 형에게 형님이라고도 말도 못하고, 그만큼 설움을 받았다.

— 조동일, 〈최제우와 구전설화〉, 《인간과 경험》 2집

이 때문인지 유독 최옥과 곡산 한씨가 만나 최제우를 잉태하는 설화만이 '해와 달이 몸속으로 들어왔다'거나 '호랑이가 품안으로 들어와서' 자신도 모르게 최옥을 찾아왔다는 신비적인 요소들로 묘사되어 있다. 최옥의 유일한 직계 자손임에도 불구하고 재가녀의 아들이라는 이유로 집안과 문중에게 외면당했던 최제우는 어린 시절부터 사회에 대한 강한 비판의식을 지니고 있었으며, 부친에게서 배운 가학(家學, 집안 대대로 전해 오는 학문)에 대해서도 강한 회의와 의심을 품을

수밖에 없었다.

> 어렸을 때 동무들이 부모의 외우는 말을 듣고 대신사를 희롱하되 네 눈은 역적의 눈이라. 한즉 대신사는 평연히 대답하기를 나는 역적이 되려니와 너이는 순량한 백성이 되라. 하얏고 매양 일을 대함애 의심과 비평을 가젓음이 보통 사람들의 생각과 해석과는 서로 다름으로 모든 사람에게 칭찬도 받으며 또는 비방도 받아 왓엇다."

— 이돈화 편, "대신사의 탄생", 《천도교창건사》 제2편 제1장

현실 문제에 대해서 개혁적이었던 부친의 사랑과 가르침을 받았으나, 결코 문중의 구성원이 될 수 없었던 서자라는 처지는 어린 최제우가 현실을 직시하는 데 많은 영향을 미쳤다. 이 무렵 그는 "임금은 임금답지 못하고 신하는 신하답지 못하고 아비는 아비답지 못하고 자식은 자식답지 못하다"라고 어지러운 세상을 한탄하며 강한 의구심으로 배움을 청했으나, 어느 것 하나 속 시원히 답을 주지 못했다. 이와 함께 부친의 사망은 이제 겨우 16세였던 최제우에게 큰 충격이었다. 최제우는 6세에 어머니를 여의고 유일한 보호막이자 스승이던 아버지마저 잃게 되자, 적지 않은 방황을 했던 것으로 보인다.

세월은 유수 같아 막을 길이 없는데 애석하게도 어느 날 세상을 뜨시니 외로이 남은 내 한 목숨은 나이 이팔이라 무엇을 알랴. 어린아이와 다름이 없었다. 부친께서 평생을 바쳐 남긴 사업은 화재로 흔적도 없어졌다.

자식의 도리를 못 다한 여한으로 세상에 마음이 풀리도다. 어찌 가슴 아
프지 않으며 어찌 애석하지 않으랴.

— 최제우, 최시형 편, 〈수덕문〉, 《동경대전》

가업은 당연히 소홀해지기 시작했으며, 과거에도 뜻을 접은 지
오래인 그에게 유일한 낙은 무예를 연마하는 것이었다. 19세에 밀양
(월성) 박씨를 부인으로 맞아 결혼도 했으나, 세상에 대한 의심과 방황
은 깊어만 갔다. 결국 그는 결혼 2년 만에 처자식을 버리고 방랑의 길
을 떠나기로 결심한다.

처자산업 다 버리고 주류팔도 10년 — 민중들과 소통하다

평생에 하는 근심 효박한 이 세상에 君不君 臣不臣과 父不父 子不子를 주
소간 탄식하니 울울한 그 회포는 흉중에 가득하되 아는 사람 전혀 없어
처자산업 다 버리고 팔도강산 다 밟아서 인심풍속 살펴보니

— 최제우, 〈몽중노소문답가〉, 《용담유사》

19세에 결혼해 이미 처자식이 있던 최제우는 21세가 되던 1844
년 집을 떠나 전국을 떠돌기 시작했다. 가족의 생계를 위한 장삿길이
라고 했으나 이것은 처자식을 버리고 떠나기 위한 명분에 불과했다.

가슴 깊이 가득한 고뇌를 억누를 수 없던 그에게 가족과 문중이라는 울타리는 너무 좁았다. 어렵게 마련한 비용으로 무명 장사를 시작한 그는 전국을 누비며 민중들과 소통하고 때론 이름난 선비를 찾아 배움을 청하기도 했다.

최제우는 장삿길에서 유단(流團), 녹림당(綠林黨) 같은 도적 무리들과도 만났을 것이다. 그들 중에는 민중들의 세금을 착복하던 구실아치와 부자들에게서 물건을 빼앗아 가난한 자들에게 나눠 주던 이름이 꽤 알려진 의적 집단도 있었다. 대부분 무거운 조세와 지주의 빚 독촉을 피해 도망친 유리민(遊離民)이었던 도적 무리들을 통해 수령과 결탁한 구실아치들이 어떻게 세금을 착복하고 행패를 부리는지, 지주들이 어떻게 땅을 불리는지, 이 때문에 얼마나 많은 민중들이 생활 터전을 잃고 도시 주변이나 산골을 떠돌아다니는지를 생생하게 들었을 것이다.

처음 접한 서울의 풍경은 더욱 가관이었다. 당시 세도가였던 안동 김씨가 거주한 교동(校洞)과 전동(典洞)의 사랑은 아첨꾼과 청탁하려는 자들, 관직을 사려는 자들로 북적였으며, 창고는 이들이 놓고 간 온갖 뇌물바리들로 넘쳐났다. 매관매직(賣官賣職)을 통해 지방 수령에 임명된 이들은 구실아치들이나 토호들과 결탁해 다시 자신들의 창고를 채우려고 혈안이었다. 최제우의 눈에 비친 그들은 이름만 관장(官長)일 뿐 강도나 다름없었다.

어린 시절 이미 유교적 전통에 강한 회의를 품었던 최제우는 전국을 떠돌며 퇴폐한 유교 윤리의 실상을 구체적으로 실감할 수 있었으며, 이미 그것은 '요순지치(堯舜之治, 요·순 시대의 이상정치)'와 '공맹지덕(孔孟之德, 공자와 맹자의 덕행)'으로도 바로잡을 수 없다고 판단했다. 결국 그는 유교적 전통과의 결별을 선언하고, 새로운 사상을 찾아 끝없는 방황을 이어갔다. 때론 승려들에게서 불교 사상을 접했으며, 당시 널리 유행하던 이인(異人)·술사(術士, 재주가 신통하고 비범한 사람, 술책을 잘 꾸미는 사람)들을 만나《정감록》의 사상을 접하기도 했고, 때론 서학(천주교)에 대한 소문을 듣고 서학쟁이를 찾아 나서기도 했다.

특히 그는 당시 민중들 사이에 널리 확산되어 있던 천주교와《정감록》같은 이단 사상에 큰 관심을 보였다. 19세기 초 몇 차례의 처벌과 탄압으로 큰 타격을 받은 천주교는 이후 민중들 사이에 침투해 1850년대 말쯤에는 신도가 만 8,000여 명에 달했다. 반상의 차별을 논하지 않는 평등사상과 한글로 번역된 경전 등은 민중들이 쉽게 접근할 수 있도록 했으며, 또한 천주교 신부들이 주요 도시에 세운 시약소(施藥所)에서 제공하는 시혜 행위 등도 민중들에게 상당한 호소력이 있었다. 최제우 또한 천주교의 이런 활동들을 목도했으며, 특히 종교적으로 인심을 단결시키는 천주교의 일신관에 상당한 매력을 느껴 자신이 늦게 태어나 이것을 먼저 주장하지 못한 것을 한탄하기도 했다.

서양인들은 도와 덕을 닦아 체득함으로써 그 조화를 부림에는 이루지 못할 것이 없고, 그 싸우는 병기 앞에는 당할 자가 없다. (……) 이 모든 이유는 다른 까닭이 아니다. 이 사람들의 도는 서도라 일컫고 학은 천주학이라 일컫고 교는 성교라 하니 이는 하늘의 때를 알고 하늘의 명을 받은 것이 아닌가? 이러한 소문을 일일이 듣자면 끝이 없다. 그러므로 나도 역시 두렵게 생각하여 다만 태어남이 늦음을 한탄하였다.

— 최제우, 최시형 편, 〈논학문〉, 《동경대전》

하지만 전통 문화와 풍속을 배척하는 천주교는 유학자들에게 강한 거부감을 주었으며, 이에 익숙해져 있던 민중들조차 제사를 지내지 않거나 심지어 신주를 불태우는 서학쟁이들의 행위는 쉽게 받아들일 수 없는 부분이었다. 부모의 혼백을 부정하며 제사를 지내지 않고 죽어서 천당 가는 것만을 중시해 가르치는 천주교에 대해 유교의 퇴폐상을 인식하고 있던 최제우도 비판적인 입장을 보였다.

우습다, 저 사람은 저희 부모 죽은 후에 신도 없다 이름하고 제사조차

안 지내며 오류에 벗어나서 유원속사 무슨 일고 부모 없는 혼령혼백 저는 어찌 유독 있어 상천하고 무엇하고 어린 소리 말았으랴.

— 최제우, 〈권학가〉, 《용담유사》

게다가 황사영 백서 사건 이후 서학쟁이들은 '몰래 나라를 팔아먹으려는 흉측한 계획을 품고 있다'는 인식이 확산됐으며, 황당선(이양선)의 잦은 출몰은 서양인이 침략해 올지도 모른다는 의구심을 품게 했다. 실제로 황당선을 타고 온 이교도들은 육지에 올라와 마을을 약탈하고 무고한 사람들을 죽인다는 소문이 돌기도 했다. 이런 소문은 입에서 입으로 전해져 천주교에 대한 반감을 샀을 뿐 아니라 서양인의 침입에 대한 위기의식을 확산시켰다. 소문을 접한 최제우도 천주교와 서양인을 동일시하면서 이들의 침략 행위에 대해서 강한 의구심을 갖기 시작했다.

황사영이 백서를 쓴 토굴(충북 제천).

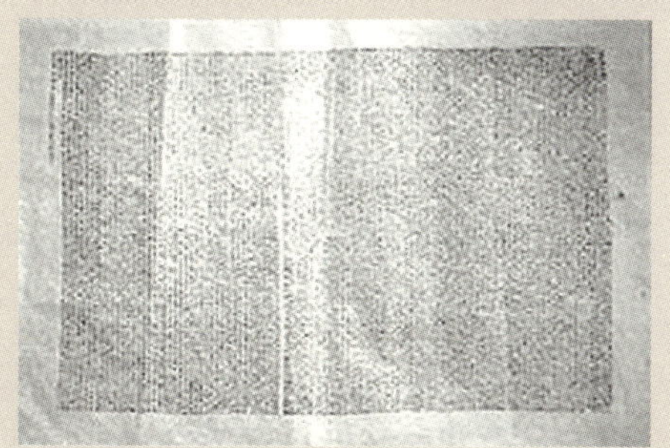

황사영이 흰 비단에 먹으로 쓴 백서.

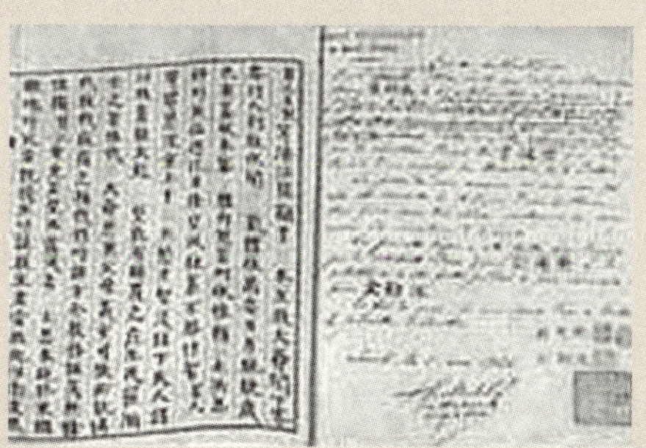

황사영 백서 사건의 전말을 기록한 문서.

서양 사람은 천주의 뜻으로 부귀를 취하지 않는다고 하면서 천하를 공
격하여 교당을 세우고 교를 퍼뜨리므로 나는 그렇게 하는 것이 어찌 그
럴 수 있을까 의심을 가졌다.

— 최제우, 최시형 편, 〈포덕문〉,《동경대전》

이 시기 최제우에게 천주교는 동경과 모방의 대상이면서도 그 침
략성에 대해서는 경계하고 극복해야 할 대상이었으며, 이후 동학을
창도하는 데 많은 영향을 받았다. 이와 함께 최제우가 주목했던 것은
당시 민중들 사이에 널리 유포되었던 치병구복(治病救福)을 비는 무복
(巫卜, 무당과 점쟁이) 신앙과《정감록》같은 비기였다.

조선시대 무복 신앙은 우환이나 질병 뿐 아니라 관혼상제, 출산,
소송 등 민중들의 생활에 깊숙이 스며 있었다.

모든 경우에 악마를 상정하며 일자, 방위, 장소에 길흉을 붙인다. 그들
에게는 모든 것이 길흉화복의 조짐으로 언제든지 운수와 복술에 맞추어
보며 그들의 모든 행동과 중대한 행사에는 기도, 공물, 저주 등이 전후
하여 행해진다.

— 클로드 샤를 달레,《조선 교회사》

최제우 또한 어린 시절부터 이런 무복 신앙을 접했겠지만 전통
유학자인 부친의 영향으로 제한적이었을 것이다.

요즘 좌도에 현혹되는 사람이 많다. 집안 부인들이 귀신을 섬기어 무당의 말에 따르니 이 어찌 선비와 군자의 집안 법도라 하겠는가. (……) 부형의 병세가 심하면 (……) 정성을 다해 성신과 산천의 영에 비는 것은 무방하다.

— 최옥,《근암집》

최제우의 부친 최옥은 생전에 무복 신앙에 대해 진취적인 태도를 보였으나 원칙적으로는 이것을 비판했다. 하지만 전국을 떠돌며 민중들의 삶을 직접 체험한 최제우에게 무복 신앙은 단순히 배척해야 할 '좌도(左道, 옛날 유교의 이념에 어긋나는 다른 종교를 이르던 말)'가 아니었다. 특히 질병에 대한 두려움을 떨칠 수 없었던 민중들에게 무복은 유일한 정신적 치료법이었다. 이 시기 민중들에게 가장 두려운 존재는 괴질(콜레라) 같은 질병이었다. 이미 1821년과 1822년 두 차례에 걸친 괴질의 유행으로 수십만 명이 죽었지만, 특별한 치료법이 없었던 터라 민중들은 더욱더 무복에 기댈 수밖에 없었다. 최제우는 무복 신앙이 일반적으로 퍼져 있던 당시 민중들의 삶에 주목했으며, 자신 또한 병을 다스리는 데 이런 방법을 활용하고 있었다.

뜻밖에도 4월에 마음이 섬뜩해지고 몸이 떨리어 무슨 질병인지 집중이 되지 않았다. (……) 나는 그 말씀에 감동하여 그 영부를 받아서서 (물에 타) 마셨더니 몸이 윤택해지고 병에 차도가 있어 비로소 선약임을 알았다.

— 최제우, 최시형 편, 〈포덕문〉,《동경대전》

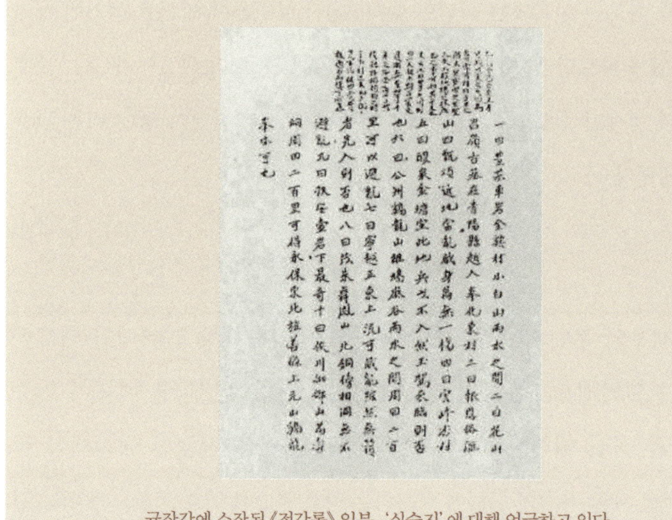

규장각에 소장된 《정감록》 일부, '십승지'에 대해 언급하고 있다.

그의 이런 치유 경험과 직접 그려서 나누어 준 영부(천신을 그림으로 나타낸 표상)는 이후 동학을 창도해 포교하는 데 있어 민중들에게 상당한 호소력으로 작용했다. 뿐만 아니라 그는 서양에 대한 두려움을 없애는 데에도 이런 무복적인 방식으로 민중들을 설득했다.

서양 책은 반드시 규라고 이름 붙이는데 규자는 궁자 밑에 점이 둘이라 태워 마심으로써 액땜하는 것이다.

— 《일성록》

이와 함께 최제우의 관심을 끈 것은 당시 민중들 사이에 널리 확산되었던 《정감록》 같은 비기였다. 조선왕조의 타락과 세상에 대한 불만 그리고 고통스러운 현실에서 탈피하고자 했던 민중들은 '몸을 보존할 땅이 열 군데 있다', '십승지에 들어가면 가난한 사람은 살고 부자는 죽는다'는 피난 사상이라든지, '조선왕조가 곧 멸망하고 정씨 왕조가 들어선다', '정씨 왕조의 우두머리인 정진인이 해도에서 군사를 길러 도탄에 빠진 백성을 구하러 온다'고 하는 진인 사상 등에 한 가닥 희망을 걸고 있었다. 이처럼 피난 사상과 진인 사상은 고통에서 벗어나고자 하는 민중들의 가슴을 어루만져 주면서 한편으로는 좀 더 나은 이상세계에 대한 기대감을 주었다. 때문에 이 시기 봉기꾼들은 이런 민중들의 심리를 이용해 종종 변란을 시도하기도 했다.

최제우는 수많은 이인과 술사를 만나 몇 해 전 관서 지방에 있었던 난리에서 홍경래가 '제세(濟世)의 성인(聖人)이 홍의도(紅衣島)에서

〈순무영진도〉.
전북 정주에서 있었던 홍경래 군과
관군인 순무영군의 전투를 그린 것
으로 추정된다.

탄생해 철기(鐵騎) 10만을 가지고 동국(東國, 조선)을 숙청한다'는 비기
를 내세웠지만 실패했던 이야기를 나누었으며, 홍경래가 살아서 대군
을 이끌고 자신들을 구원하러 온다는 '홍경래불사설'을 민중들에게
듣기도 했다. 그는 이런 사상이 일시적 방편일 뿐이며, 개인의 이기심
을 채우기 위한 것이라고 비판하면서도 조선왕조 400년은 하원갑(下元
甲, 천도교에서 운이 다해 망해 가는 시대를 이르는 말)으로 그 운수가 다하
였고, 이제 후천개벽이 실현되어 새로운 태평성세의 상원갑(上元甲)이

열릴 것이라 확신했다.

> 삼각산 한양 도읍 사백 년 지낸 후에 하원갑 이 세상에 남녀간 자식 없어 (……) 12제국 괴질운수 다시 개벽 아닐는가 태평성세 다시 정해 국태민안 할 것이니 (……) 하원갑 지내거든 상원갑 호시절에 만고 없는 무극대도 이 세상에 날 것이니
>
> — 최제우, 〈몽중노소문답가〉, 《용담유사》

최제우는 후천개벽이 공맹의 도(道)나 천주학, 《정감록》에서 말하는 진인의 출현으로도 이루어질 수 없다고 생각했다. 결국 개벽을 위한 새로운 길을 위해 "팔도구경 다 던지고 고향에나 돌아가서 백가시서나 외워보세"라며 1854년 봄 10여 년 해 온 장사를 접고 그간의 경험과 깨달음을 정리해 대안 사상을 모색하고자 구도의 사색을 결심한다.

道는 天道라 하나 學은 東學이라

> 세상을 두루 돌아다녔으나, 하고자 하는 일이 서로 어긋나기만 할 뿐이었다. 나이는 점점 많아지고, 늦한바 되는 것이 하나도 없으니, 장자 신세가 초라해질 것을 스스로 탄식하며, 울산으로 옮겨갔다.
>
> — 강시원, 《최선생문집 도원기서》

10여 년에 걸쳐 세상을 두루 살피고 고향으로 돌아온 최제우는 본격적인 수양에 들어간다. 유학 경전을 다시 꺼내 읽기도 하고 장삿길에서 얻은 서학 관련 서적도 살펴보고, 《정감록》 같은 비기를 꺼내 들어 주문을 외기도 했다. 하지만 이미 기울어진 가세와 문중의 따가운 눈초리를 피할 수는 없었다. 문중 사람들은 하루 종일 이상한 책을 보며 주문을 외는 최제우에게 부친의 얼굴에 먹칠을 한다느니 도를 구한다고 엉뚱한 짓을 한다느니 하며 손가락질했다. 그는 잠시 고향을 떠나 처가가 있는 울산으로 가기로 했다.

하지만 여전히 수도에 진척을 보지 못한 채 낡은 초당에 누워 세상을 근심하던 중 금강산 유점사에서 왔다는 어느 노승에게 비기를 얻게 되었다. 을묘년(1855년)에 얻었다 하여 《을묘천서》라 하며, '기도의 가르침이 담긴 책'이라 한다. 이 무렵부터 그는 그동안 해 왔던 독서와 사색을 종교적 수행법으로 전환한 것으로 보인다.

1856년 봄 어느 중과 함께 천성산 내원암에 들어가 3층 단을 쌓고 49제 기도를 계획했으나 숙부의 죽음으로 47일 만에으로 중단하게 된다. 어쩔 수 없이 고향으로 다시 돌아온 그는 남은 논 6마지기를 헐값에 팔아 철점(鐵店)을 경영하면서 철점 안에 기도소를 설치해 마침내 49일 기도를 마쳤다. 어렵게 기도를 마쳤지만 아무것도 얻지 못하자 그는 상당히 실망했다. 더구나 처음 시작한 철점은 경영 미숙으로 빚만 진 채 문을 닫아야 했으며, 매일 빚쟁이의 독촉에 시달려야 했다. 이 시기 그는 상당한 정신적 좌절을 겪었다.

아직 몸 둘 곳이 없으니 누가 천지는 넓고 크다 하였는가. 하는 일마다 뒤틀리니 이 한 몸을 간직하기 어렵게 되었구나.

— 〈수덕가〉

종교적 수행과 사업의 실패로 몸과 마음이 지칠 대로 지친 그는 결국 식구들을 거느리고 부친이 글을 가르치던 경주의 용담정으로 향했다. 이곳에서 그는 "도를 얻을 때까지 세상 사람들과 어울리지 않으리라" 맹세하고 다시 독서와 사색에 전념하기 시작했다.

언제 보아도 책을 펴고 있었다. 자다가 일어나 이제는 주무시는가 하면 오히려 책을 보고 계셨고, 아침에 일어나 아직 주무시겠지 하고 그 앞을 지나면 벌써 책을 보고 계셨다. (……) 밤에는 나가서 한울님께 절을 하시되 수없이 많이 하시더라. 새로 지으신 보선이 하루 밤을 지내고 나면 보선 앞 코가 다 이지러지고 상하도록 되었다.

—《신인간》7호

때론 어지러운 세상을 비웃기도 하고, 때론 가난과 질병 속에서 질병에 빠진 민중들을 떠올리며 자신의 비약함을 탓하기도 했다. 또 한 집안에 있던 두 명의 여종을 해방시켜 각각 자신의 며느리와 양녀로 삼는 등 기존 신분제도에 대한 자신의 생각을 행동으로 옮기기도 했다.

1860년 4월 5일 그는 또 한 번의 종교적 체험을 하게 된다. 큰 조카 맹윤의 생일잔치에 참석한 그는 갑자기 몸이 섬뜩해지고 떨리는 기운이 있어 마음을 안정시킬 수 없었다. 무슨 병인지는 모르지만 '정신이 휘둘러지며 마치 미친 듯 취한 듯 엎어지며 자빠지며 마루에 오르자' 아련한 상제의 음성을 들었으며, 이때 상제로부터 병을 고칠 수 있는 영부와 세상을 다스릴 수 있는 조화를 얻었다고 한다.

"아름답구나, 너의 절개여. 너에게 사용할 수 있는 무궁의 조화를 내려서 포덕천하하게 하리라."

— 강시원, 《최선생문집 도원기서》

이 일을 계기로 그가 어린 시절 가졌던 유학에 대한 의구심과 10년 간의 방황과 경험, 그리고 수 년간의 독서와 사색을 통해 유불선 같은 기존의 도(道)는 이미 운이 다했고 새로운 세상에 맞는 도의 출현이 필요하다는 자신의 신념에 확신을 갖게 되었다. 최제우는 이후 1년간의 수련을 통해 자신의 생각을 〈용담가〉, 〈교훈가〉 등 한글 가사로 정리해 사람들에게 널리 유포하기 시작했다. 이때부터 수많은 사람들이 최제우의 가르침을 받기 위해 모여들었으며, 그들에게 '시천주조화정영세불망만사지(侍天主造化定 永世不忘萬事知, 한울님을 모셔 조화가 정해짐을 길이 잊지 아니하면 온갖 일을 알게 되나이다)' 라는 주문을 지어 염송하도록 했다.

마룡동 일판이 수운 선생 찾아오는 사람으로 가득 찼었다. 아침에도 오

고 낮에도 오고 밤에도 오고 (……) 모친과 나는 손님 밥쌀 일기에 손목
이 떨어져 왔다.

— 양녀 주씨의 증언

최제우는 "동(東)에서 태어나 동에서 받았으니 도(道)는 천도(天
道)라 하나 학(學)은 동학(東學)이다. 하물며 땅이 동서로 나뉘어 있는
데 서(西)를 어찌 동이라 하며, 동을 어찌 서라 하겠는가"라고 하며 자
신의 가르침을 동학이라 하였다. 특히 최제우가 동학을 창도해 포교
할 즈음 영불 연합군의 북경 점령(1860년) 소식이 전해지면서 서양인
의 침략에 대한 막연한 두려움이 사람들 사이에 퍼지고 있었다. 그런
분위기 속에서, 서학과 대척점을 긋고 그 대안으로 제시된 동학은 더
욱 호소력이 있었다.

영국과 프랑스 연합군의 북경 점령 소식은 당시 지배층뿐 아니라
민중들에게 상당한 충격을 주었던 것으로 보인다. 사람들은 너나 할
것 없이 산속으로 피난을 가기도 하고, 장차 다가올 서양인의 침략과
살육을 모면하고자 성서를 구하기 위해 동분서주하기도 했다. 이런
광경을 본 최제우는 "괴이한 풍설이 세상을 크게 뒤흔들기로 서양 사
람은 도성입덕(천도교에서 도를 이루고 덕을 세운다는 뜻으로 종교적인 인격
완성을 이름)하여 이루지 못할 것이 없어 무기로 공격하면 그 앞에 당
할 자가 없다고들 하니 중국이 소멸하면 어찌 순망치한(脣亡齒寒)의 근
심이 없겠는가?"라고 크게 한탄하면서, 동학 주문을 외우고 검무와
검가를 통해서만 이를 제압할 수 있다고 했다.

동학의 발상지인 용담정(경북 경주시 현곡면 가정리).

용담정으로 오르는 길목에 세워진 최제우 동상.

양적(洋賊)은 화공(火攻)을 잘함으로 갑병(甲兵)으로 대적할 바가 아니다. 오직 동학만이 그들을 섬멸할 수 있다. 나무의 예리함이 쇠를 이긴다. 양인은 눈이 어두워 보검으로 인식한다. 비록 견고한 갑옷과 예리한 병기가 있어도 감히 우리에게 가까이 하지 못한다.

—《일성록》, 고종 1년 2월 29일

그는 그간의 경험과 지식을 통해 서양의 물질적 우수성을 누구보다 잘 알고 있었다. 하지만 목검을 쥔 채로 주문을 외우고 검가를 불러 서양을 막아낼 수 있다는 확신을 줌으로써 사람들은 막연한 두려움을 떨칠 수 있었다. 또한 최제우는 당시 《정감록》 같은 '괴이한 동국참서'에 미혹되어 평안의 땅을 구하거나 진인의 출현을 막연히 기다리기만 하는 어리석은 민중들에게 21자 주문을 제시했다. 21자 주문을 외우면 누구라도 스스로 진인이 될 수 있다는 것이다.

1862년 진주에서 시작한 민란(진주민란)이 삼남 전역을 휩쓸 적에 최제우는 비록 시기상조를 이유로 도인(道人)들이 난리(亂離)에 동참하는 것을 경계했으나, 〈몽중노소문답가〉를 지어 민란의 실패로 좌절한 민중들에게 곧 후천개벽의 시대가 열린다는 확신을 주었다. 이와 함께 최제우는 측근 제자들을 접주에 임명해 본격적인 포덕 활동을 시작했다.

접 제노는 본래 보부상들이 상부상조를 위해 지역을 단위로 접장을 임명해 조직을 관리하던 것으로 10여 년간 전국을 돌며 장돌뱅이 생활을 했던 최제우는 우선 영덕, 영해, 대구 등지에 접주를 임명해 조직 체계를 정비했다. 하지만 동학에서의 접 조직은 지역 단위가 아니라 전도인(傳道人)과 수도인(受渡人)의 인맥에 따라 이루어진 조직이라 할 수 있다. 이처럼 접 조직은 끈끈한 인맥으로 맺어지기 때문에 도인들은 가족처럼 지냈으며, 서로 돕는 유무상자(有無相資, 있는 자와 없는 자가 서로 도움)의 전통이 자연스럽게 생겨날 수 있었던 것이다.

이 무렵부터 경상도와 전라도 일대를 중심으로 동학과 최제우에 대한 이야기가 확산되면서, 이것을 확인하기 위해 찾아오는 사람들이 1,000여 명이 넘었으며, 마을마다 주문 외는 소리가 끊이지 않았다고 한다. 민란에 참여했던 봉기꾼들, 난리로 세상이 뒤집어지길 바라던 민중들, 십승지지를 찾아 방황하던 사람들이 몸을 의탁하기 위해 동학으로 몰려들기 시작한 것이다. 특히 최제우의 의도와는 달리 이후 영해교조신원운동(영해민란, 1871년 3월 이필제가 최시형 등과 함께 교조신원운동과 반봉건 투쟁 및 중국 정벌 등을 목표로 영해에서 일으킨 봉기)을 주도한 이필제와 같은 변혁의 가능성을 기대하고 있던 자들도 대거 몰려들기 시작했다.

쭉정이 풀의 싹을 뽑아 버려라

1862년 민중의 강한 도전을 받았던 유림들은 날마다 늘어만 가는 동학 주문 소리에 또다시 긴장했다. 특히 중국에서 홍수전이 일으킨 태

태평천국운동은 청나라 말기 홍수전과 농민반란군이 세워 14년간 존속한 국가(1851~1864)와 그 전개
운동을 이른다.

홍수전은 하늘의 주재자인 상제(上帝)로부터 타락에 빠진 중국을 구제하라는 명령을 받았다고 주장하며,
금욕적인 계율을 지키고 유일신인 상제만을 신앙하면 모든 것이 보장된다고 역설했다. 하지만 전통적인
촌락의 질서가 파괴될 것이라 여긴 향신(鄕紳)과 관헌이 이들을 박해하기 시작하자 이에 대항하는 무장투
쟁이 빈발한다. 홍수전은 결국 1851년 신도 약 만 명을 거느리고 봉기하여 '태평천국'이라고 했다. '태
평천국'이란 상제의 명령과 가호를 받아 평화롭고 평등한 지상천국을 수립한다는 기원을 의미한다.

평천국운동의 소식을 접한 이들은 서원을 중심으로 통문을 돌려 동학
을 사학(邪學, 주자학에 어긋나는 학문으로 양명학, 동학, 카톨릭교 등을 이
름)으로 규정하고, 이것을 조직적으로 경계하고자 했다. 동학을 서학
으로 몰아 민중들의 접근을 방해했으며, 심지어 이것을 핑계삼아 동
학 도인들의 재산을 갈취하기도 했다.

또한 경주의 윤선달이라는 사람과 경주부 영장의 음모로 최제우
가 체포되는 사건이 벌어지기도 했다.

이 고을 최 선생이리는 사람의 제자가 천 명이나 됩니다. 만약에 최 선생을
잡아다가 다스리게 되면, 제자 한 사람마다 돈 한 꿰미씩만 가져오라 해도
금방 천 냥 이상이 될 것입니다. 잡아서 다스리는 것이 어떻겠습니까?

— 강시원, 《최선생문집 도원기서》

이전 천주교도들을 잡아들여 돈을 갈취했듯이 동학 교도들의 돈을 뜯어내기 위해 수작을 부린 것이다. 비록 인근 동학 도인 600~700여 명의 무력시위로 풀려나긴 했으나, 이런 탄압이 동학 도인들에게 수없이 행해지고 있었다. 이에 최제우는 '근거 없는 이야기는 화가 어떤 지경에 이를지 알지 못하리라'는 통문을 돌려 관의 지목을 경계했다. 최제우는 또한 유림들의 탄압에 대응하기 위해 교단 조직을 체계화하는 한편 최시형에게 도통을 전수하기에 이른다. 최제우는 〈탄도유심급〉이라는 시를 지어 돌렸는데 당시의 심경을 엿볼 수 있다.

병속에 신선주가 들어 있으니 가히 백만 인을 살리리라. 쓸 곳이 있어 천 년 전에 빚어 잘 간직하여 두던 술이다. 부질없이 한 번 마개를 열면 냄새는 흩어지고 맛도 엷어지리라. 지금 도 닦는 우리들은 입조심하기를 이 술병을 간수하듯 하라.

— 최제우, 〈탄도유심급〉, 《동경대전》

자신이 평생에 걸쳐 깨우친 도를 지키고자 한 그의 의지는 이후 체포되어 옥중에서 쓴 '고비원주(高飛遠走, 재빨리 멀리 달아나라)'라는 글귀를 자신의 도통을 이은 최시형에게 전해 도망치도록 했던 대목에서도 엿볼 수 있다.

1862년 민중들이 동학에 몰려들수록 유림들의 탄압은 더욱 거세졌으며, 결국 1863년부터는 서원을 중심으로 조직적으로 동학배척운동을 전개하기에 이르렀다. 이들의 눈에는 주문을 외는 것이 서학과 같고, 부적으로 병을 치료하는 것은 황건적을 따른 것에 불과했으며, 특히 귀천을 구분하지 않고 남녀가 섞여 강회(講會)하는 모습은 강상(綱常, 삼강과 오상을 이르는 말로 곧 사람이 지켜야할 도리를 이름)의 도를 흐리게 하는 것으로 도저히 용납할 수 없는 것이었다. 또한 보국안민이라느니, 있는 자가 없는 자를 도와 준다는 등의 말로 세상을 어지럽히고 백성을 현혹하면서 '선악의 질서를 어지럽히는 쑥정이 풀과 같은 것'으로 급선무는 이런 쑥정이 풀이 번져 나가기 전에 '햇빛을 못 보게 넝쿨을 뽑아 버려야 한다'는 것이다. 1863년 11월 유림들의 동학배척운동에 관한 보고를 받은 정부는 최제우를 잡아들이라고 지시한다.

선전관으로 임명된 정운구는 우선 동학의 실상을 파악하기 위해 마을을 돌아다니며 탐문을 시작했다.

거의 날마다 동학 이야기가 들려오지 않은 날이 없었으며 경주를 둘러싼 인근 고을은 더욱 심했다. 주막의 아낙네와 산골의 초동들까지도 글을 외며 전하지 않는 사람이 없었다. (……) 사람마다 그 學을 하니 이들이 물든지 오래여서 극성스러움을 알겠다.

—《승정원일기》

동학의 실상을 파악한 정운구는 사람들이 잠든 새벽을 틈타 포교들을 풀어 최제우와 그의 제자 25명을 체포하기에 이른다. 이때 경주의 형산강 변 나무 아래에 묶어 두었던 최제우의 얼굴에 피가 흘러 알아볼 수 없을 정도였는데 당시 처참한 상황은 다음과 같이 전해지고 있다.

체포된 신사는 사다리의 한복판에 얽어매어 두 다리는 사다리 양편 대
목에 갈라서 나누어 얽고, 두 팔은 뒷짐을 지웠고, 상투는 뒤로 풀어 사
다리 간목에 칭칭 감고 얼굴은 하늘을 향하게 했다.

―《천도교회월보》 162호

　그때 마침 철종이 서거하자 국상을 당하면 서울에서 죄인을 심문
하지 않는다는 국법에 따라 최제우는 대구 감영으로 이송된다. 결국
최제우는 '대명률 제사편 금지사무사술조 좌도난정지술(大明律 祭祀編
禁止師巫邪術條 左道亂政之術, 동학은 서양의 요사한 가르침을 그대로 옮겨 이
름만 바꾼 사술이며 서학과 다를 것이 없다)'이라는 죄목으로 대구 관덕당
앞에서 처형되었다. 처형된 후 그의 시신은 관덕당에 방치되었고, 머
리만 남문 밖의 길가에 3일간 매달아 놓았다. 다행히 최제우가 처형된
후 석방된 그의 가족들이 시신을 수습할 수 있었다.

　최제우의 죽음과 관련해서는 그가 이미 죽음을 인지하고 있었으
나 그것을 피하지 않고 "내가 죽어야 큰일을 한다"라며 의연히 죽음을
받아들였다거나, 처형 당시 칼이 목에 들어가지 않았으나 스스로 죽
음을 택했다는 설화가 전해지고 있다. 또한 최제우가 죽은 뒤 회생할
것을 염려해 3일 동안 시체를 방안에 두었으나 오색이 영롱한 운무가
덮였다가 사라지자 곧 부패하기 시작해 묻었다고 한다. 이와 같이 그
의 죽음과 관련된 설화들은 다른 영웅들과 달리 패배적으로 그려지고
있다. 진인의 출현과 후천개벽의 시대를 고대하던 당시 민중들은 그
들의 염원을 풀어 줄 것으로 믿었던 최제우가 죽었다는 사실을 쉽게

최제우가 처형된 대구 관덕당의 모습(표시된 곳).

받아들일 수 없었을 것이다. 때문에 최제우의 체포와 죽음은 스스로 선택한 것이 되어야 하며, 이는 패배를 인정하는 것이 아니라 "춘삼월 호시절(春三月 好時節)에 또다시 상봉(相逢)하세"라는 최제우의 유언처럼 그의 죽음 뒤에도 '풍운조화'가 이루어질 것이라는 민중들의 열망이 지속되어야만 했던 것이다.

이대로 주저앉을 수 없다

등불이 밝아 물 위에 아무러한 혐극(嫌隙)이 없고, 기둥이 마른 것 같으나 힘이 남아 있다.

— 최제우, 〈옥중 지은 시〉, 《최선생문집 도원기서》

동학의 3대 교조.
1대 최제우
2대 최시영
3대 손병희

1864년 3월 10일(양력 4월 15일) 최제우는 비록 좌도난정의 죄목으로 처형되었으나, 그가 이루고자 했던 '풍운조화 후천개벽'의 시대는 그의 제자들과 민중들에 의해 점점 다가오고 있었다. 최제우가 죽은 후 동학 도인들에 대한 탄압은 더욱 거세졌다. 정부는 동학을 '좌도혹민(옳지 못한 도로 민중들을 현혹시킴)'이라 하여 철저하게 금했으며, 수령과 토호들은 이를 빙자로 도인들의 재산을 탈취했다. 심지어 도인이 아니더라도 마을에 부유한 자가 있으면, 이들을 동학도로 몰아 재산을 빼앗기도 했다.

관의 탄압에도 불구하고 최제우 사후에 동학에 입도하고자 하는 사람들은 오히려 더욱 늘어만 갔다. 동학의 교세가 확산될 수 있었던 것은 최제우의 도통을 계승한 최시형의 역할이 무엇보다도 컸다.

그는 스승 최제우의 지시로 몸을 피해 잠행을 거듭하면서 교리와 조직을 체계화함으로써 교단의 외양을 확대시킬 수 있었다. 1880년대에는 삼남 전역에 동학 주문 소리가 끊이질 않았다고 한다. 그는 최제우가 죽은지 1년 만에 강회를 개최해 인내천을 강론하면서 신분차별을 철저히 타파할 것을 강조했다.

도가(道家)에 사람이 오거든 객(客)이 왔다고 말하지 말고 천주(天主)가 오셨다 칭하라. 어린아이를 때리는 것은 천주의 의를 상하는 것이다. 노예를 자식과 같이 사랑하며 우마육축(牛馬六畜)이라도 학대하지 말라. 만일에 이에 반하면 천주께서 노하시나니 삼가 범하지 말라.

— 최시형, 〈내수도문〉

최제우_진흙 같은 세상 속에
연꽃처럼 피어난 동학

이와 같이 그는 평등사상을 강론하는 한편 실제로 노비 출신의 남계천을 호남 좌우도 편의장 겸 도접주로 삼는 등 신분제 폐지를 실행에 옮기기도 했다. 이와 함께 "만사지 식일완(萬事知 食一椀, 만사를 안다는 것은 밥 한 그릇을 먹는 이치를 아는 데 있다)"이라 하여 먹을거리에 대한 중요성을 강조했는데, 이는 당시 신분제의 굴레 속에서 수탈과 착취를 벗어날 수 없었던 민중들에게 상당한 호소력이 있었다.

최시형이 최제우의 종교적 도통을 계승하여 교단의 외연을 확대했다면, 이와 동시에 이필제와 같이 동학을 '용무지지(用武之地)'로 생각하고 입도했던 자들은 끊임없이 민란과 연계하여 사회변혁 운동을 시도했다. 1871년 이필제가 주도한 '영해교조신원운동'은 비록 억울하게 죽은 교조 최제우의 누명을 벗기고자 함이 명목이었으나 "이번 거사는 탐학무도한 부사의 죄를 성토하자는 데 있다"라고 했듯이 종교적 틀을 벗어나 사회변혁을 추구한 것이기도 했다. 비록 준비 미숙으로 실패했으나 동학이라는 종교 조직이 개혁 의지를 지닌 민중들과 연계됐을 때 언제든지 사회변혁을 위한 봉기(蜂起)로 발전할 수 있다는 가능성을 보여 준 사건이었다.

1871년 영해교조신원운동의 실패로 최제우의 아들을 비롯해 교단 지도부가 대부분 체포되어 한때 교세가 위축되기도 했으나, 그로부터 10년이 지난 1880년대에 들어서면 삼남 지역 전역에 동학을 믿지 않은 고을이 없을 정도였다. 특히 이 시기 삼남 지역은 부패한 현실을 개혁하고 새로운 세상을 열고자 했던 소위 '간민사란자'들에 의한 결당의 장이 되고 있었다.

더 이상 진인의 출현을 기다리지 말고 스스로 진인임을 깨달아, 자발적인 참여를 통해 조화로운 세상을 이룰 수 있다는 최제우의 가르침은 1894년 대봉기(갑오농민운동)에 의해 실현될 수 있었다. 그가 죽기 전에 남긴 '풍운조화'의 시기가 드디어 다가온 것이다.

단지 마음을 바로 한다는 것뿐이라면 물론 동학당에 들어갈 필요가 없지만, 동학당의 소위 '경천수심'이라는 주의에서 생각할 때는 정심 외에 '협동일치'의 뜻을 포함하고 있기 때문에 결당하는 것의 중요함을 본다. 마음을 바로한 자의 일치는 간악한 관리를 없애고 보국안민의 업을 이룰 수 있기 때문이다.

— 〈전봉준공초〉,《동경조일신문》

박문수_조선시대 암행어사의 전설

오 직 백 성 을 위 한 개 혁 과
정 책 만 이 올 바 른 것 이 다

소선시대 어사는 백성들에게 마른 땅의 단비 같은 존재였나. 오죽하면 '어사우(御史雨)'라는 말이 생겼을까? 중국 당나라 때 백성들의 억울한 옥사가 쌓여 극심한 가뭄이 들자 감찰어사 안진경이 옥사의 원한을 풀어 주니 비가 내렸다는 고사에서 어사우라는 말이 유래했는데, 《조선왕조실록》에도 그 용례가 있다. 굳이 여러 사례를 들지 않더라도 《춘향전》의 이몽룡이 그랬듯이, 당시 부패한 관리를 징계하고 백성들의 원통함을 해결해 주던 사람들이 어사였다.

심재우 : 한국학중앙연구원 교수

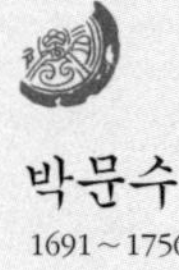

박문수
1691~1756

1691년(숙종 17) 9월 8일 경기도 진위현에서 태어났으며, 본관은 고령, 자는 성보(成甫), 호는 기은(耆隱)이다. 현종 대 이조판서를 역임한 박장원의 증손으로 아버지 박항한은 학문에 조예가 있었으나, 요절하여 큰 빛을 보지는 못했고, 어머니는 공조참판 이세필의 딸이었다. 그가 여덟 살 되던 해에 부친이 세상을 떠나 어머니 손에서 자라며 소론 가문이었던 경주 이씨 외가의 영향을 많이 받았다.

박문수는 1723년(경종 3) 증광문과에 합격하면서 예문관 검열이 되었고, 1728년(영조 4) 3월 청주에서 이인좌의 난이 발생하자 진압 총책임자인 사로도순문사(四路都巡問使) 오명항의 종사관으로 출전했다. 그는 난을 진압하는 데 큰 공을 세워 영조의 신임을 받게 된다. 이인좌의 난을 평정한 후에도 박문수는 영남에 남아 난리로 폐허가 된 여러 고을의 민심을 회유했으며, 이후 이런 공적으로 분무공신(奮武功臣) 2등에 책록됐고, 영성군(靈城君)에 봉해졌다. 그는 1730년(영조 6) 한 해에만 대사간, 예조참판, 대사성, 도승지를 거쳤을 뿐 아니라, 두 차례나 사신으로 청나라에 다녀왔고, 병조판서와 형조판서에 두 차례 임명된 것을 포함하여 호조판서, 예조판서 등을 두루 거쳤다. 어사에 임명된 것은 1727년(영조 3)과 1731년(영조 7)에 경상도에 파견되는 등 몇 차례에 불과하다. 이 외에도 경상도 관찰사, 함경도 관찰사, 북도 진휼사, 황해도 수군절도사, 영남 균세사 등의 직책을 띠고 지방에 내려간 경우도 많았다. 1752년(영조 28) 왕세손이 죽자 내의원 제조로서 왕세손 사망에 대한 문책을 받아 제주도에 잠시 귀양을 간 것 외에 그의 관직 생활은 순탄했다. 1756년(영조 32) 4월 서울의 취현방(聚賢坊, 현 서울 정동) 집에서 66세로 생을 마감했다.

암행어사에 대한 오해와 진실

군 내무반의 악습을 감찰하기 위해 암행어사 제도를 도입한 부대가
화제가 된 적이 있다. 뉴스의 골자는 이렇다. 육군 모 부대에서 매주
부대원 가운데 두세 명의 사병을 무작위로 선발하여 '암행어사'로 임
명하는데, 암행어사로 뽑힌 사병들은 일주일간 내무반 내의 부적절한
행동이나 미담을 육하원칙에 따라 기록해 암행어사 일지 수거함에 넣
게 된다. 해당 부대에서는 암행어사 제도 시행을 통해 선행을 발굴하
고 악행을 적발하는 성과를 거두었는데, 악행으로 시적받은 이들에게
는 반성문 등을 작성토록 조치했으머 월간 결산을 통해 선행인으로
많이 꼽힌 병사에게는 포상휴가를 내리기로 했다. 병영 생활의 악습
이나 폐단을 개선하기 위한 방법으로 조선시대 암행어사 제도를 활용
한 아이디어가 돋보이는 사례가 아닌가 싶다.

　　이것 외에도 2006년 지방선거와 관련해 선거관리위원회에서 도

입한 비공개 선거 부정 감시단을 선거판 '암행어사'가 출현한 것으로 보도한 것도 그 한 예다. 비공개 선거 부정 감시단은 2006년 선관위가 부정선거 단속의 실효성을 높이기 위해 처음 도입한 제도로, 이들은 후보자의 선거운동 사무실에 접근해 불법 선거운동 사례를 적발하는 등의 활약을 펼쳤다. 특히 각 선관위 지도 계장의 일대일 면접을 통해 선발되어 교육받은 신 암행어사들은 명단도 별도로 관리되었다. 따라서 조선시대 암행어사처럼 다른 직원조차 이 사람들의 신원을 알 수 없었으며, 때로 신원을 숨기기 위해 가명까지 사용하며 활동 내용은 전화나 팩스로만 보고하는 등 철저하게 비밀리에 활동했다. 부정·탈법 선거운동을 뿌리 뽑는 데도 신판 암행어사가 동원된 셈이다.

이처럼 사회의 부조리 척결이나 공직 기강 확립을 위한 혜안을 조선시대 암행어사에서 찾는 노력이 활발하다. 그러다 보니 암행어사의 상징이라고 할 수 있는 '박문수'라는 이름을 모르는 사람은 거의 없다. 그런데 정작 실존 인물 박문수에 대해 자세히 아는 사람은 많지 않다. 조선시대 어사를 대표하는 박문수는 어떤 인물이었으며, 실제 어사로서의 활약상은 어땠을까?

조선시대 어사는 백성들에게 마른 땅의 단비 같은 존재였다. 오죽하면 '어사우(御史雨)'라는 말이 생겼을까? 중국 당나라 때 백성들의 억울한 옥사가 쌓여 극심한 가뭄이 들자 감찰어사 안진경이 옥사의 원한을 풀어 주니 비가 내렸다는 고사에서 어사우라는 말이 유래했는데, 《조선왕조실록》에도 그 용례가 있다. 굳이 여러 사례를 들지 않더라도 《춘향전》의 이몽룡이 그랬듯이, 당시 부패한 관리를 징계하고 백성들의 원통함을 해결해 주던 사람들이 어사였다. 어사의 상징과도 같은 박문수의 삶의 궤적을 추적하기에 앞서 대중적으로 알려진 조선시대 암행어사에 관한 정보에 대해 소개하고, 한두 가지 오해와 잘못을 바로잡을 필요가 있다.

우선 당시 당하관(堂下官, 조선시대 관리 중 정3품 이하 정9품 까지의 직책) 중에서 선발했던 어사의 직급은 우리가 생각하는 것처럼 그리 높은 편이 아니었다. 조선시대에 같은 정3품이라도 통정대부 이상은 당상관(堂上官), 통훈대부 이하는 당하관으로 분류해 당상관은 중진 대접을 했지만 당하관은 그렇지 않았다. 그래서 당시 승정원, 삼사(三司, 사헌부, 사간원, 홍문관), 예문관 등 임금을 직접 모시는 시종신(侍從臣) 중에서 어사를 선발해 직급 이상의 힘을 발휘하게 했다.

다음으로 어사의 소지품인 마패는 어사의 증표이기는 하지만, 어사만이 소지했던 것은 아니다. 마패는 역마를 사용할 수 있는 일종의 증명서라고 할 수 있다. 당시에는 말이 가장 빠른 교통수단이었고, 따라서 어사뿐 아니라 공무로 지방에 출장 가는 관원들도 마패를 발급받아 역마를 이용했으니 어사만이 마패를 소지했다고 생각하는 것은 잘못된 것이다.

어사는 소지한 마패에 조각된 말의 수만큼 역마를 징발할 수 있었다. 예컨대 말이 세 마리 그려진 3마패의 경우 상등으로 타는 말 한 필, 하등으로 타는 말 한 필, 짐을 싣는 말 한 필 등 모두 세 필의 말을 사용할 수 있었다. 암행어사의 마패는 역마 이용권뿐 아니라 신분을 증명할 때 사용하기도 했다. 어사 출두 시에 역졸이 마패를 손에 들고

조선시대 사용되었던 암행어사의 마폐.

암행어사는 보통 용도가 다른 두 개의 유척을 지니고 다녔다.

'암행어사 출두'라고 크게 외쳤으며, 어사가 출두 이후 인장 대용으로 사용하기도 했다.

그런데 어사가 마패와 함께 유척(鍮尺)을 들고 다녔다는 것은 잘 알려지지 않은 사실이다. 유척은 놋쇠로 만든 자를 말하는데, 어사에게는 대개 용도가 다른 두 개의 유척을 지급했다고 한다. 하나는 죄인을 매질하는 태(笞)나 장(杖) 등의 형구 크기를 법전 규정대로 준수하는지 확인하기 위한 것이고, 다른 하나는 도량형을 통일해서 세금 징수를 고르게 하는 데 필요한 것이었다. 오늘날과 달리 당시에는 형구를 재거나, 토지 측량, 의복 제조 등 각 용도에 쓰이는 자의 규격에 차이가 있었다. 따라서 어사는 필요한 용도에 따라 사용할 수 있도록 두 개의 자를 가지고 다녔다.

마지막으로 암행어사는 국왕에게서 봉서와 사목을 받았다. 봉서는 일종의 어사 임명장으로 임명 취지, 감찰 구역, 임무에 대한 사항이 조목조목 나열되었다. 사목에는 어사의 직무상의 준수 규칙과 염찰 목적 등이 구체적으로 기재되어 봉서를 보완하는 역할을 했다.

현재까지 그 일부가 전해지고 있는 마패와 유척, 봉서와 사목 등은 조선시대 암행어사의 모습을 보다 구체적으로 상상할 수 있는 자료가 된다.

박문수 설화를 찾아서

조선 역사상 가장 유명한 어사는 박문수(朴文秀, 1691~1756)다. 이에 대해서는 이의를 달 사람이 없을 것이다. 그래서 사람들은 박문수가 마치 관직 생활 대부분을 암행어사로 보낸 줄로만 안다. 하지만 뒤에 언급하겠지만 박문수가 어사로 활동한 것은 몇 차례에 불과하다. 암행어사와 관련한 이야기는 전국 각 지역에서 널리 전승되어 왔는데, 박문수 이야기가 유난히 많다. 박문수 관련 설화는 조선 후기에 기록된 《청구야담》, 《기문총화》 등의 야담집을 비롯해 최근에 채록하여 정리한 설화집에 300여 편이 전해오는 것으로 알려졌다. 설화에 등장하

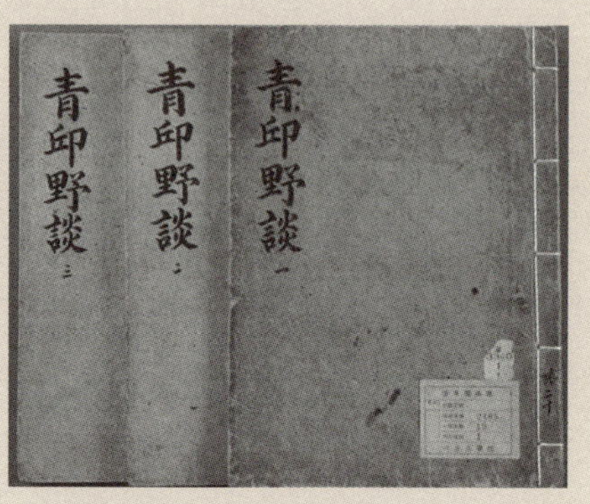

《청구야담》(작자 미상). 이희평의 《계서야담》, 이원명의 《동야휘집》과 함께 조선시대 3대 야담집의 하나로, 당시 다양한 야담과 풍수 및 풍자적인 이야기들과 박문수에 관한 설화도 수록되어 있다.

는 이야기가 모두 박문수의 실재했던 모습을 보여 주는 것은 아니다. 그렇지만 박문수의 어사 활동 당시의 공식적인 기록이 거의 남아 있지 않기 때문에 설화를 통해 간접적으로 박문수에 관한 몇 가지 상상을 해 볼 수도 있다. 설화 속 박문수는 어떤 모습이었을까?

먼저 1915년에 출판된 소설 《박문수전》의 내용을 살펴보자. 이 소설에는 암행어사 박문수에 관한 이야기가 제1회에 실려 있고, 제2회와 제3회는 중국 명대의 소설을 번역한 것이다. 사람들의 억울함을 해결해 주는 정의의 사도로서의 박문수의 모습과 그의 선견지명을 잘 보여 주는 제1회 이야기의 줄거리는 다음과 같다.

조선 영조 때 이인좌와 정희량의 난을 진압한 후 암행어사를 제수받은 박문수는 충청도와 경상도를 거쳐 전라도 덕유산에 이르렀다. 험한 산길을 헤매다가 등불이 켜진 집에 이르니, 한 노인이 젊은 아들 배 위에 단도를 들고 올라앉아 '이 놈 죽어라, 이 놈 죽어라'라고 외치고 있었다. 박문수가 자세한 사연을 들어 보았다.

노인은 글방의 훈장인 유안거이고 그 아들은 유득주인데, 유씨 가족 외에 구씨와 천씨만 살아 이곳을 구천동이라 부른다고 했다. 유안거 이웃에 천운서와 그의 아들 천동수 부자가 사는데, 바로 그 천씨 부자가 행실이 나쁜 천동수의 처와 통간했다는 누명을 유득주에게 씌웠다. 그 보복으로 내일 합동 혼례를 올려 유안거의 부인은 천운서가 차지하고, 유득주의 부인은 천동수가 차지하려 한다고 했다. 그래서 유안거 부자는 살아 욕을 당하기 전에 온 가족이 죽기로 했다는 것이다.

박문수는 유안거를 안심시킨 뒤, 곧 무주 관부에 출두하여 오방신장(五方神將, 다섯 방위를 지키는 다섯 신)의 군복을 만들게 한 뒤, 재주 잘하는 광대 네 명과 함께 신장 군복을 입고 구천동으로 달려갔다. 천운서 부자의 폐륜적인 혼례가 치러지기 직전, 옥황상제의 명을 받은 오방신장이 들이닥쳐 여러 사람들이 보는 앞에서 천운서 부자를 잡아 깊은 산골로 끌고 가 죽었다. 모든 것이 박문수의 지략에 의한 것이었다.

10년 후 박문수가 삼남수의사(三南繡衣使) 자격으로 다시 구천동을 찾으니 예전에 없던 큰 기와집이 한 채 있고, 유안거가 그곳에 살고 있었다. 유안거가 박문수를 미처 알아보지 못하고 하는 말이, 10년 전 천가 부자가 옥황상제에게 잡혀간 뒤 동민들이 "저 집은 곧 하늘이 아는 집이다"

라고 하며, 이 집을 지어 주고 해마다 곡식을 갖다 바쳤다. 하여 지금처럼 잘살게 되었고, 유안거 또한 동민들의 자제를 더욱 정성껏 가르치고 있다고 했다.

이후 조정에서 여러 신하들이 평생 경력을 왕에게 이야기할 기회가 있었는데, 박문수가 무주 구천동을 다스린 일과 유안거의 전후 사정을 아뢰니, 왕과 제신들이 모두 박문수의 도량을 칭찬했다.

박문수는 구씨와 천씨의 집성촌인 구천동에서 억울한 누명을 쓴 유씨 가족을 구원해 주고, 몰락한 선비 집안인 유씨 가족이 앞으로도 구천동에서 따돌림을 받지 않도록 지혜를 발휘했다. 즉 유씨 가족을 괴롭히던 천운서 부자의 처형이 옥황상제의 명으로 이루어진 것처럼 꾸미며, 그곳 주민들에게 유씨 가족은 하늘이 보살피는 사람이라는 인식을 심어 준 것이다. 이처럼 소설에서 암행어사 박문수는 곤경에 처한 백성을 구원하는 탁월한 능력의 소유자로 묘사된다.

소설 《박문수전》 외에 현재 전하는 여러 설화 속에서도 박문수는 신출귀몰하며 백성들을 구원하는 인물로 자주 등장한다. 다음 이야기가 그 한 예다.

가난한 양반 이 진사와 함께 사는 홀로된 며느리가 혼자 집에 있던 어느 날, 젊은 중이 시주하라며 들렀다. 시주를 하기 위해 문밖으로 나간 며느리의 미모에 마음이 끌린 중이 그녀를 방안으로 끌고 들어가 정을 통하려 했다. 그녀가 반항하자 중은 몸에 지니고 있던 칼로 그녀를 찌르고 달아났다.

이 진사가 집에 돌아와 며느리의 숨이 끊어진 것을 확인하고 몸에 박힌 칼을 빼는데, 이웃집 노파가 이를 보고 놀라 뛰쳐나갔다. 노파는 "이 진사가 며느리를 겁탈하려다가 말을 듣지 않으니까 칼로 찔러 죽였다"고 관가에 신고했고, 이 진사는 며느리를 죽인 죄로 감옥에 갇히게 되었다.

그때, 암행어사 박문수가 이 고을 근처에서 우연히 중을 한 명 만났는데, 수상쩍은 데가 있었다. 박 어사는 중과 함께 걸으며 여러 가지 이야기를 했다. 박 어사가 전에 예쁜 처자를 욕보인 적이 있다고 꾸며서 말하자, 중은 자기도 시주를 얻으러 갔다가 주인 여자의 미모에 반해 겁탈하려다가 말을 듣지 않아 죽였다고 했다.

박 어사가 중과 헤어져 관가에 가서 죄수들의 죄목을 살펴보니, 며느리를 죽인 이 진사가 있었다. 보관된 증거품을 살펴보니, 중들이 쓰는 장도칼이었다. 박 어사가 길에서 만난 중이 거처한다는 절을 찾아가 그 칼의 임자를 물으니, 길에서 만난 중의 것이라고 했다. 박 어사는 그 중을 잡아 가두고, 억울한 이 진사는 풀어 주었다.

—《한국구비문학대계》

위의 이야기에서 보듯이 박문수는 지략이 뛰어난 인물이다. 그는 암행어사라는 신분을 바탕으로 억울한 사람들의 사정을 헤아리고, 불법한 관리나 악인을 처벌하기도 했다. 또한 전국을 순행하면서 나이 많은 처녀와 총각을 중매하여 혼인을 돕기도 했다. 이처럼 설화 속 박문수는 절대적인 능력과 지혜를 지닌, 정의로운 관리의 표상으로 등장한다.

물론 박문수가 영웅으로만 등장하는 것은 아니다. 간혹 평범한 인물로 등장하거나 심한 경우 여인을 유혹하다가 혼이 나거나, 암행 중에 만난 처녀와 관계해 임신시키는 등 행실이 좋지 않은 사람으로 묘사된 설화도 있다.

이처럼 박문수 설화 속에는 그에 관한 다양한 이야기가 있지만 이들 설화를 있는 그대로 믿을 필요는 없다. 현존하는 암행어사 박문수에 관한 설화는 민중들의 입에서 입으로 전승되면서 만들어진 이야기이기 때문이다. 그리고 대부분의 암행어사 이야기에 등장하는 '박문수'는 실존 인물 박문수 한 사람을 뜻하는 것이 아니라 암행어사들을 통칭한 것으로, 백성들은 박문수 이름을 빌려 모든 암행어사 이야기를 하고 있는 것이다. 암행어사 설화가 전국적으로 확산되면서 박문수는 암행어사의 대명사로 사람들에게 인식됐다.

박문수, 그는 누구인가

암행어사 설화 속에서 민중들은 부패를 척결하고 정의를 수호하는 올바른 관리의 출현을 염원한다. 설화 속에서 박문수는 민중들의 이 같은 기대와 희망을 실현하는 인물로 등장한다. 여기서 한 가지 질문을 던질 필요가 있다. 현존 암행어사 설화에 등장하는 인물이 왜 하필 박문수였을까? 이것은 어사로서 박문수의 실제 활약상을 전제하지 않고는 이해하기 힘들다. 실존 인물 박문수의 생애와 어사 활동의 실제 모습은 어땠을까? 지금부터 설화가 아닌 현실 속 박문수의 일대기를 추적해 보자.

박문수의 본관은 고령이며, 자는 성보(成甫), 호는 기은(耆隱), 시호는 충헌(忠憲)이며, 현종 대 이조판서를 역임한 박장원의 증손으로 1691년(숙종 17) 9월 8일 경기도 진위현에서 학자 박항한의 둘째 아들로 태어났다. 아버지 박항한은 윤증의 문인으로 학문에 조예가 있었으나 요절해 큰 빛을 보지는 못했고, 어머니는 공조참판 이세필의 딸이었다.

어린 시절 박문수는 매우 불행했다. 여섯 살 때 조부 박선과 백부 박태한이 돌아가셨고, 여덟 살 되던 해인 1698년(숙종 24)에 부친마저 세상을 떠나 어머니 손에서 자랐다. 그 후 외삼촌 이태좌의 집에서 한 살 아래인 외종제 이종성과 함께 수학했다. 이태좌는 훗날 좌의정, 이종성은 영의정까지 오르는 등 외가인 경주 이씨 집안은 영조 때 대표적인 소론 가문이었다.

박문수는 1723년(경종 3) 증광문과에 합격해 예문관 검열이 되었고, 뒤에 세자시강원(조선시대 왕세자에게 경서와 사적을 강의하고 도의를 가르치는 일을 맡았던 관아) 설서(경서와 도의를 가르치는 정7품 벼슬의 하나), 사헌부 지평(행정 및 관원 감찰을 담당한 사헌부 소속의 정5품 벼슬) 등을 역임했다. 1724년 영조가 즉위하고 노론이 집권함에 따라 벼슬에서 잠시 물러났으나, 매사에 진취적이며 명석한 업무 처리로 영조의 두터운 신임을 받아 여러 관직을 두루 거치며 승승장구했다.

박문수 초상(충남 천안 고령 박씨 문중 소장).

그가 어사에 임명되어 지방에서 큰 활약을 펼친 것은 두 차례였
다. 즉 1727년(영조 3) 영남안집어사(嶺南安集御史) 1731년(영조 7) 영남
감진어사(嶺南監賑御史)에 파견된 것이 그것이다. 다시 말하지만 설화에
등장하는 것처럼 박문수가 전국에 걸쳐 종횡무진 활약한 것으로 오해
하면 곤란하다. 아무튼 두 차례 어사로 파견되어 활약을 함으로써 그
에 관한 많은 일화가 전해지게 되었다. 어사 파견 이야기는 잠시 뒤로

미루고, 그의 관직 이력을 좀 더 살펴보자.

사실 그가 영조의 신임을 받게 된 결정적 계기는 1728년(영조 4)에 발생한 '이인좌의 난' 때문이었다. 그해 3월 청주에서 발생한 이인좌의 난은 영조와 노론 세력을 제거하기 위해 소론과 일부 남인이 가담하여 일으켰다. 박문수는 이인좌의 난이 발생하자 진압 총책임자인 사로도순문사(四路都巡問使) 오명항의 종사관으로 출전해, 난을 진압하는 데 큰 공을 세웠다.

오명항과 박문수의 관군은 당시 청주성을 함락하고 죽은 경종 임금의 원수를 갚는다는 점을 널리 선전하며 신천을 거쳐 서울도 북상하던 이인좌의 무리를 안성 등지에서 소탕하고 이인좌를 서울로 압송했다. 아울러 경상도 안의에서 거병한 정희량의 무리를 소탕하는 데

도 공을 세웠다. 영남 지역의 도적이 평정되자, 오명항은 박문수에게 영남에 남아 난리가 난 지역을 돌보게 했다. 당시 영남의 백성들은 모두 산골짜기로 도망하여 도적이 평정되었음에도 불구하고 마을로 내려오지 않고 있었다. 박문수는 위험한 상황에서도 여러 고을을 다니며 민심을 회유하는 데 크게 공헌하고 이인좌 난을 평정한 공적으로 분무공신(奮武功臣) 2등에 책록됐으며, 영성군(靈城君)에 봉해졌다.

이후 그는 요직에 두루 중용됐다. 1730년(영조 6) 한 해에만 대사간, 예조참판, 대사성, 도승지를 거쳤을 뿐 아니라, 두 차례나 사신으로 청나라에 다녀왔다. 판서직에도 병조판서와 형조판서에 두 차례 임명된 것을 포함해 호조판서, 예조판서 등을 두루 거쳤다. 아울러 어사로 파견된 것 외에도 경상도 관찰사, 함경도 관찰사, 북도 진휼사, 황해도 수군절도사, 영남 균세사 등의 직책을 띠고 지방에 내려간 경우도 많았다. 한마디로 순탄한 관직 생활을 했다. 다만 1752년(영조 28) 왕세손이 죽자 내의원 제조로서 왕세손 사망에 대한 문책을 받아 제주도에 잠시 귀양 갔던 것이 그의 관직 생활에서 그나마 시련이라면 시련이었다. 그 후 박문수는 1756년(영조 32) 4월 서울의 취현방(聚賢坊, 현재의 서울시 정동) 집에서 66세 나이로 생을 마감했다.

이제 우리의 관심사인 어사로서의 박문수의 활동상을 살펴보자. 안타깝게도 박문수의 어사 활동에 대한 관찬 기록이 많지 않다. 박문수의 문집이 남아 있지 않을뿐더러 어사 임무 수행 뒤 조정에 제출하는 서계(書啓, 보고서), 별단(別單, 부속 문서)도 전해지지 않기 때문이다.

잘 알려져 있다시피 암행어사는 신분을 감추고 민정을 살피거나 정보를 수집했다가 만일 수령이나 관속들의 불법, 비리가 확인되면 출두하게 된다. 암행어사가 출두해서 그 신분을 밝히고 직무를 개시하는데, 창고를 조사해 재정 운용 실태를 살피거나 억울하게 감옥에 갇힌 죄수가 있는지 등을 확인했다. 필요한 경우 불법한 향리를 파직시키거나, 상세한 증거 조사를 위해 창고를 봉인하는 조치인 '봉고'를 취하기도 했다.

이 같은 과정을 거치고 조정에 돌아와서 암행어사가 임금에게 보고하는 문서가 서계와 별단이다. 암행어사는 서계에 전·현직 관찰사와 수령의 치적이나 비리를 구체적으로 기록했고, 별단에는 자기가 견문한 지역의 민의 동향, 세금 부과와 관련한 각종 폐단 등을 기록했다. 현재 전하는 서계와 별단은 숙종 때 활약한 일부 암행어사의 것들 외에는 대부분 정조 임금 이후의 것들이다. 박문수도 어사로서 임무를 마치고 국왕 영조에게 이 같은 보고서를 제출했지만, 박문수의 것을 비롯해 영조 때 활약한 암행어사의 서계와 별단은 아쉽게도 남아 있지 않다.

따라서 박문수가 어사로서 구체적으로 어떤 활동을 했는지는 자세히 알 수 없다. 나반 경상도에 파견된 어사 박문수가 조정에 돌아와 자신이 놀아본 경상도 내 수령을 비롯한 네 명의 관리에 대해 파직을 요청하는 《조선왕조실록》의 아래 기사를 통해 일부 유추할 수 있을 뿐이다.

영남별견어사(嶺南別遣御史) 박문수가 환조(還朝)하니, 임금이 인견하였다. 박문수가 아뢰기를, "자인 현감(慈仁縣監) 남국한(南國翰)은 지식이 밝

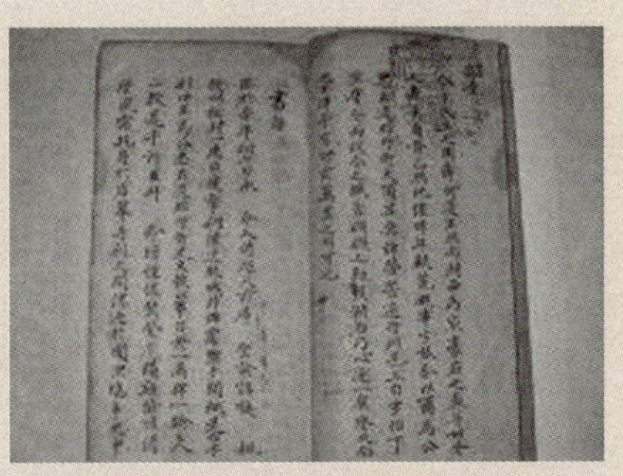

암행어사 수행보고서.
(사진-1833년(순조 33)에 충청우도에 파견된 암행어사 황협의 수행보고서인 《수행기사》[한국
학중앙연구원 장서각과 국립박물관 소장]) 암행어사는 왕명에 따라 지방으로 파견되어 지방과
관리들을 관찰한 수행보고서를 작성해 왕에게 제출했다.

지 못하고 또 술을 좋아하는 지라 아전은 좋아하고 백성들은 원망하며, 대구 판관(大丘判官) 윤숙(尹潚)은 사람과 관직이 걸맞지 않고 전혀 일을 모르며, 울산 부사(蔚山府使) 이만유(李萬維)는 혼미하여 일을 보살피지 못해 아전들이 그것을 빌미로 간사함을 부리니, 청컨대 아울러 파직하소서" 하니, 그대로 따랐다.

박문수가 아뢰기를, "용인 현감(龍仁縣監) 송성원(宋性源)은 능(陵)에 행행(行幸)하실 때 길에 횃불을 많이 배정해 놓고는 횃불 하나에 2냥씩을 받았으며, 또 전정(田政)에 민원(民怨)이 많으니, 우선 파직토록 하소서" 하니, 임금이 말하기를 "우선 파직하고, 범한 바는 후에 조사해 묻도록 하라" 하였다.

—《영조실록》 권16, 영조 4년 3월 11일

박문수 묘와 묘비(충남 천안시 북면 은지리 소재).

위의 기사에서 박문수는 경상도 내 관리들의 부정과 비리를 구체적으로 지적하며 국왕에게 처벌을 요청했다. 박문수의 생각에 술을 지나치게 좋아하고 무능한 것, 세금 징수 과정에서 백성의 원성을 산 것 등은 모두 지방 관리로서 결격이며 파직 이유로 충분하다는 것이다. 《조선왕조실록》에 기록된 어사 박문수의 활약상은 여기에 그친다.

이처럼 관찬 기록으로는 어사 박문수의 활동을 정확히 알 수 없다. 그렇지만 박문수가 당시 지방에 어사로 파견되어 많은 활약을 펼친 것이 분명하다. 그에 관한 일화가 백성들의 입에서 입으로 전해졌고, 그를 소재로 한 소설이 지금까지도 전해지고 있기 때문이다. 그럼 도대체 어떤 점이 어사 박문수를 민중들에게 깊이 각인시켰을까?

정치가 박문수

박문수라는 인물의 실체를 분명히 알기 위해서는 박문수의 다양한 면모를 살펴봐야 한다. 인간 박문수의 삶을 살펴볼 때 우선 그가 소론 당색을 지닌 강경파 정치가였다는 사실을 상기할 필요가 있다.

박문수는 자신의 지론을 지켜 나가는 강직한 인물이었다. 자신이 옳다고 생각하는 것은 당당히 국왕 영조에게 이야기하며 소론의 의리를 엄격히 지켰다. 그가 소론 당색을 지니게 된 것에는 외가의 영향이 컸던 것으로 보인다.

앞서 이야기했듯이 박문수의 어머니는 당시 소론 명문가였던 경주 이씨 이세필의 딸이었다. 이 집안 인물로 외삼촌 이태좌, 외종제 이종성을 비롯해 영조 임금 때 소론을 대표한 이광좌 등을 들 수 있다. 박문수가 여덟 살에 아버지를 여의고 홀어머니 밑에서 자라면서 자연스럽게 소론 집안인 외가의 영향을 받게 된 것이다.

박문수가 조정에서 활동하던 경종, 영조 대에는 노론과 소론 계열의 정치 투쟁이 잦았다. 잘 알려져 있다시피 사림 정치 세력의 대립과 분당은 선조 대까지 거슬러 올라간다. 동인과 서인의 대결로 시작된 정쟁은 남인, 북인, 노론, 소론의 정파로 이어지면서 조선 후기의 정치사를 장식했다. 숙종 말년에는 숙종의 두 아들(훗날의 경종과 영조)의 왕위 계승 문제를 둘러싸고 노론과 소론이 격렬히 대립했다. 결국 경종이 즉위하면서 집권한 소론에 의해 많은 노론계 인사들이 살육되거나 가혹한 형벌을 받았으나, 경종이 죽고 영조가 즉위하자 상황은 역전됐다. 영조의 즉위는 노론의 재집권을 의미했다. 이것에 대한 불만은 경종이 독살됐다는 주장으로 표출됐고, 앞서 보았듯이 영조 초반 정국을 뒤흔든 이인좌의 반란으로 이어졌다. 영조는 노론과 소론의 반목과 대립이 심화되자 왕권 강화를 위한 새로운 통치 방법을 모색하고 탕평을 표방하긴 했지만, 노론과 소론 세력의 대립은 완전히 사라질 수 없었다.

당시 박문수는 영조의 탕평책을 적극 지지하여, 명문 벌열 중심의 인사 정책에서 벗어나 당색에 관계없이 노론, 소론뿐 아니라 남인에서도 재능 있는 사람을 고르게 등용할 것을 주장하기도 했다. 그렇지만 박문수도 노선과 정책 등의 정치 대립 시기에 살았던 관료로서 당색으로부터 완전히 자유로울 수는 없었다. 그가 소론이었다는 사실은 노론 측의 공격의 빌미가 됐다.

먼저 그가 노론 측 인사들이 대거 숙청되던 경종 때 벼슬에 올랐던 것이 문제가 됐다. 1724년(영조 즉위년) 12월에 정언(正言) 벼슬을 역임한 나학천은 상소를 올려 경종 때 득세했던 박문수를 포함한 소론 측 인사들을 싸잡아 비난했다. 이에 대해 박문수는 다음과 같이 상소를 올리고 사직하고자 했다.

> 신하는 조정에 서서 임금을 섬김에 있어서 반드시 벼슬하는 첫길에 광명(光明)하여 부끄러움이 없는 뒤에야 천지 사이에 스스로 설 수 있는 것입니다. 만약 이에 있어서 남으로부터 암담한 의심을 받는다면, 몸이 이미 더러워지고 이름이 이미 이지러져 비록 강물을 트고 끌어댄다 하더라도 돌아보건대 어떻게 씻을 수가 있겠습니까?
>
> —《영조실록》 권2, 영조 즉위년 12월 6일

박문수는 자신을 향한 다른 인사들의 공격을 참을 수 없었다. 이처럼 자신의 혐의를 벗기 위한 그의 의지는 결연했던 것으로 보인다. 이후에도 소론계 인사가 주도한 이인좌의 난 발발 상황을 박문수가 미리 알고도 조정에 보고하지 않았다는 혐의를 반대파로부터 받기도 했고, 외직에 나아가서 백성들을 제대로 다스리지 않은 채 여색을 탐하기만 했다는 호된 비난을 듣기도 했다.

1738년(영조 14)에는 박문수가 경상도 안동에 김상헌 서원을 건립하려는 노론 측의 움직임에 반대함으로써 또 한 번 공격을 받았다. 영남 남인 인사들이 포진해 있는 안동에 김상헌 서원을 건립하려는 것은 노론 인사들이 영남 지역에 자신의 세력을 강화하기 위한 포석이었다. 아무튼 이 같은 대립의 와중에 그는 병조판서를 사직하고 고향에 내려가게 되었고, 이후 풍덕부사로 좌천되었다.

이후 박문수는 정적(政敵)인 노론 홍계희의 공격으로 또 한 번 정치적 위기를 맞았다. 1743년(영조 19) 2월에 홍계희는 당시 함경도 관찰사로 있던 박문수를 탄핵했다. 공격의 골자는 관찰사로서의 실정(失政)에 관한 것이었다. 즉, 대흉년 상황을 부풀려 정부에서 타낸 곡식으로 관내 백성들에게 인심을 썼을 뿐 아니라 수만 냥의 돈을 횡령하고, 감영 소속 기생에 홀려 관곡을 낭비했다는 것이다. 이런 위기 속에서 급기야 박문수의 아들 박구영은 아버지의 억울함을 호소하기 위해 삼엄한 호위를 뚫고 궁궐에 들어와 꽹과리를 쳐 댔다(격쟁). 결국 박문수는 혐의를 벗었고, 오히려 탄핵 상소를 올린 홍계희는 관직에서 물러나야만 했다.

이처럼 박문수는 노론의 공격으로 관직 생활 중에 여러 차례 정치적 위기를 맞았다. 이런 위기 속에서 구원자는 늘 임금인 영조였다. 박문수를 깊게 신뢰한 영조는 매번 그에게 정치적 위기가 닥칠 때마다 두둔하고 나섰다. 1755년(영조 31) 역모 혐의로 수많은 소론이 희생됐을 때 노론의 공격으로 또 한 번 정치적 위기에 직면한 박문수를 적극 변호한 것도 영조였다. 정치가 박문수에게 찾아온 최대 위기는 그의 성격에서 기인한 것이었다.

그는 국왕 앞에서도 굽힐 줄 모르고 당당했다. 1737년(영조 13) 윤9월 5일에 영조와 주고받은 이야기에서 그런 점을 분명히 확인할 수 있다. 영조가 박문수와 국정을 이야기하는 와중에 세상 사람들이 박문수를 미쳤다고 평가해도 자신은 박문수를 신뢰하고 있다는 뜻을 내비쳤다. 그러면서 넌지시 세상 사람들에게 미움을 받는 것이 박문수의 학문이 부족하기 때문이 아닌지 묻는다. 그러자 박문수는 전혀 굴하지 않고 공자가 지금 살았어도 공격받지 않을 수 없다고 당당하게 말해 영조의 웃음을 자아냈다. 이처럼 그는 늘 세상의 공격과 비난에 아랑곳하지 않고 당당한 패기가 있었다.

물론 그런 성격이 큰 화를 부르기도 했다. 1742년(영조 18) 8월 23일에 박문수와 훈련대장 구성임이 군대의 사열 관련 규정을 놓고

김홍도, 〈취중송사〉, 《행려풍속도》.
당시의 풍속을 묘사한 여덟 폭의 《행려풍속도》 가운데 '격쟁'의 장면을 표현한 부분이다.

영조와 신하들이 보는 앞에서 심하게 다툰 사건은 너그럽던 영조도
크게 노여워한 중대 사건이었다. 당시의 《조선왕조실록》 기사에는 둘
사이에 구체적으로 어떤 말이 오갔는지 기록되지는 않았지만, 혈기 넘
치는 박문수와 거칠고 호기 있는 구성임의 싸움이 '마치 누 마리 범이
격렬하게 싸우는 것'과 같았다고 묘사하고 있다. 크게 화가 난 영조는
처음에 군율(軍律)에 의거해 두 사람을 효시(梟示, 목을 베어 높은 곳에 매
달아 많은 사람에게 보임)하고자 했다. 결국 두 사람 모두 관직에서 물러
나는 선에서 결론이 났지만, 하마터면 박문수가 자신을 아끼던 영조에
게서 내몰릴 뻔한 사건이었다.

〈시흥환어행렬도〉, 《화성능행도》.
을묘년 정조의 화성 행차 주요 장면을 여덟 폭으로 그
린 그림 중 일부다. 조선시대 임금들은 백성들과 소통
하기 위해 능행을 했고, 능행길에 상언과 격쟁이 많이
이루어졌다.

이왕 이야기가 나온 김에 박문수의 성품과 관련해 재미있는 일화를 하나 더 소개하자면 구성임과의 다툼이 있기 훨씬 전인 1737년(영조 13)에도 박문수의 급한 성격을 보여 주는 사건이 있었다. 박문수가 평소 사표로 삼고 있던 영의정 이광좌가 조정에서 백성들을 구휼하는 방도에 대한 이야기를 하는데, 박문수가 계속 말을 가로채자 이광좌가 박문수의 처벌을 요청한 일도 있었다.

이렇듯 정치가 박문수는 소론 당색의 인물로 반대편으로부터 많은 공격을 받기도 하고, 때로는 강직한 성품과 굽힐 줄 모르는 열정때문에 화를 입기도 했다.

개혁과 실용은 오직 백성을 위해

한동안 매스컴에 자주 오르내리던 고건 전 국무총리는 별명이 하나 있다. 정부 요직을 두루 거치며 깔끔한 일처리로 알려진 그를 사람들은 '행정의 달인'이라고 불렀다. 이런 별명은 어쩌면 박문수에게도 해당하는 이야기일 듯한데, 특히 박문수에게 어울리는 별칭은 '위민을 실천한 관료'가 아닐까 생각한다.

직책이 예조판서, 병조판서를 거쳐 우참찬까지 올랐으나 우리에겐 '암행어사'라는 호칭만 익숙한 박문수. 그가 '암행어사 박문수'로 세인들에게 알려지게 된 이유는 단순히 어사로 활약했던 행적 때문만은 아니다. 수많은 설화에 등장하는 박문수가 어사로서 백성을 구원했던 것처럼, 관직 생활 내내 그는 철저히 백성들을 위한 개혁을 주장하고, 자신의 생각을 몸소 실천했다.

박문수는 백성 편에 서서 일한 것으로 유명하다. 특히 흉년에 굶주리는 백성들을 구제하는 데 최선의 노력을 다했다. 그는 경상도 관찰사로 근무하던 1729년(영조 5) 여름에 연해 고을에 바닷물이 넘쳐 집과 재목들이 떠내려 온다는 보고를 받고 함경도 지역에 홍수가 났음을 간파했다. 굶주린 백성들의 구제가 시급함을 안 그는 조정의 명령을 기다려야 한다는 의견에도 불구하고 즉시 도내 제민창(濟民倉)의 곡식을 함경도로 보냈다. 고통받는 백성들이 우선이었고, 조정의 문책은 중요하지 않았다.

1732년(영조 8)에는 팔도에 큰 흉년이 들었다. 당시 진휼(흉년에 가난한 백성을 도움)을 담당한 관리였던 박문수는 서울로 몰려든 수많은 굶주린 백성들을 살리기도 했다. 1741년 흉년으로 재해를 입은 백성들의 구제 임무를 띠고 함경도 지역 진휼사(賑恤使)로 파견되었고, 1750년 공정한 세금 부과를 위해 경상도 지역에 균세사(均稅使)로 임명되었는데, 이것은 모두 백성을 구제하는 그의 기량을 인정받았기 때문이다. 특히 1741년 함경도 진휼사로서 경상도에서 곡식 만 섬을 실어다가 흉년으로 굶주리는 백성들을 구제한 공덕으로, 후에 함흥의 만세교 옆에 박문수를 기리는 송덕비(頌德碑)가 세워지기도 했다. 한편 이보다 먼저 1730년(영조 6)에는 시집 못간 노처녀들의 결혼을 도와줄 것을 역설하는 등 백성들의 생활상을 세심하게 배려하기도 했다.

백성의 편에 선 그는 갖은 자연재해로 고통받는 백성들의 피폐한 사정을 누구보다도 잘 이해했고, 백성들의 질곡을 찾아 나서는 데 주저하지 않았다. 따라서 백성들에게 해가 되는 모든 부조리는 반드시 제거해야 할 목표가 되었다. 특히 족징, 인징과 양역(良役, 조선시대 16세에서 60세까지 양인 장정에게 부과하던 공역) 문제, 세력을 믿고 궁방의 도장(導掌)이나 차인(差人)들이 지방민을 침탈하는 행위는 그중 가장 큰 사회문제의 하나였다. 이것은 박문수가 경상도 어사로 파견된 이듬해인 1728년 3월에 조정에 돌아와 영남에서의 폐단에 대해 언급한 다음의 실록 기사에서도 확인할 수 있다.

신이 명을 받들고 재를 넘어 여러 고을을 두루 다녔습니다. 영남은 산에 동철(銅鐵)이 있고 바다에서는 어염(漁鹽)이 생산되며 토양도 비옥합니다. 그러나 오늘날 천만 가지 폐단이 있으며, 특히 여러 궁가(宮家)의 도장(導掌), 여러 상사(上司)의 차인(差人), 각 영문의 감관(監官)들의 폐해가 가장 심합니다. 전하께서 이미 호남의 절수를 파하여 열성조에서 행하지 못한 성대한 은전을 거행하였으니, 이제 영남만이 유독 의심을 가지세 해서는 안 될 것입니다.

또한 폐단 가운데 양역(良役)의 폐단이 오늘날 으뜸이 되고 각궁의 절수(折受)가 그 다음이 되니, 원하건대 먼저 절수를 파하고, 각 영읍에 명해 사사로이 군인을 모집하여 군포를 충당하는 행위를 모조리 파하게 하소서.

—《영조실록》 권16, 영조 4년 3월 10일

박문수는 어사로서 경제적 궁핍과 신분차별로 인한 민중의 비참한 현실을 직접 체험했다. 박문수의 위민의식은 백성들을 보호하기 위한 정책을 모색하는 과정에서 형성된 것이기 때문에 그 농도가 매우 짙었다. 한편 박문수의 개혁적 활동은 화폐 사용에 관한 논란에서 분명히 드러난다. 민생에 관심이 많았던 그는 당시 큰 문제로 떠오른 화폐 문제 해결을 위해 화폐 유통을 적극적으로 주장했다.

당시 조선에서는 숙종 때부터 전국적으로 유통되기 시작한 동전 유통에 여러 가지 문제가 발생했다. 영조 임금 초반에는 동전 유통량 부족 현상인 전황(錢荒)이 거의 만성적으로 나타났다. 당시 전황의 주요 원인은 정부 당국이 동전 유통 자체를 비판하고 부정적으로 평가하던 상황에서 동과 주석 등 화폐 원료의 공급난까지 겹쳐 화폐의 절대 수요를 맞출 수 없는 데 있었다. 뿐만 아니라 중앙과 지방관청, 혹은 상인들이 동전을 다량 비축하고 있어 시중에 유통되지 않는 것이 문제였다. 전황으로 인해 고리대업의 성행, 도적의 출현, 상업 거래의 부진 등 폐해가 적지 않은 상황이었다.

1742년(영조 18)에 박문수는 원료 공급난으로 동전의 주조 유통이 어려운 당시 상황에서 전황의 해결 방안을 크게 세 가지 의견으로 정리해 정부에 건의했다. 먼저 전황을 극복하는 방안은 동전을 다량 주조 유통하는 것이지만 현실 조건이 미비하기 때문에 그 차선책으로 중국 동전을 헐값에 수입해 사용하는 방안을 제시했다. 이 같은 주장이 받아들여지지 않자 박문수는 전국에 널리 보급되어 있는 유기(鍮器)를 거둬들여 그것을 원료로 동전을 주조하거나, 혹은 은화를 동전과 함께 사용하자는 의견을 피력했다.

박문수가 전황 극복을 위해 제시한 위와 같은 방안은 영조와 관료들의 반대로 채택되지는 못했지만, 전황 극복을 위해 동전을 더 주조해야 한다는 그의 주장은 심각한 논란 끝에 받아들여져 대대적인 동전 주조가 이루어질 수 있었다. 이로써 그의 화폐 보급을 둘러싼 지론이 전황을 극복하는 데 일정 부분 기여하게 된다. 그가 후대의 북학파 지식인들처럼 화폐 유통을 적극 강조한 진보적인 화폐제도 개혁론을 펼 수 있었던 것은 아무래도 1734년(영조 10)과 1738년(영조 14) 두 차례 사신으로 중국에 파견되어 선진 문물을 몸소 체험했기 때문일 것이다. 그렇지만 무엇보다 목전의 현실에 집착하지 않고 미래를 전망하는 진보적 개혁의식이 있었기에 가능한 일이었다.

한편 군정(軍政)과 세정(稅政)에 밝아 당시 국정의 개혁 논의에 중요한 몫을 한 것도 박문수의 전문적 경세 관료로서의 면모를 유감없이 보여 주는 사례다. 그는 국가 재정과 군사 운영 관련 관직을 두루 역임하면서 이 분야에서 강한 추진력으로 특별한 능력을 발휘했다. 그가 호조판서로 있던 1749년(영조 25)에 왕명을 받아 호조에서 낭비되는 경비를 절감하기 위한 규정을 적은 《탁지정례(度支定例)》를 만들고, 혼례에 있어 예물의 수량과 궁중 혼수 규정을 확립하기 위해 《국혼정례(國婚定例)》를 만든 것이 대표적인 예다. 《탁지정례》가 만들어짐으로써 재정체계를 바로잡고 재정 지출 비용을 절감하는 효과를 가져왔는데, 당시 영조는 이 책자가 편찬된 것을 크게 기뻐해 박문수의 노고를 치하하고 특별히 '쓸데없는 비용을 삭감했다(剋減冗費)'는 글을 써서 보관하도록 했다.

비록 그와 당색을 달리하는 사신이 쓴 기록이지만, 그가 사망한 뒤의 평가에서 '나랏일에 대해서는 마음을 다하여 해이하지 아니하여 병조·호조 양부에서 바로잡고 개혁한 것이 많았다'(《영조실록》 권87, 영조 32년 4월 24일)고 칭찬할 정도로 실무 관료로서의 그의 전문성과 추진력은 널리 인정받고 있었다. 이처럼 박문수는 높은 권좌에 있으면서도 항상 백성의 편에서 위민을 실천했고, 아울러 개혁과 실용을 추진할 실무 능력도 겸비한 전문 관료였다. 설화에 나오는 암행어사 박문수의 이름은 결코 헛된 것이 아니었다.

이 시대 진정한 암행어사는 어디에 있는가

박문수가 살았던 영조 통치 시대는 조선 역사에서도 역동적인 시기였다. 사회, 경제 전반의 변화가 가속화되었고, 이 과정에서 다양한 사회 문제가 표출된 시기이기도 했다. 사회 부조리를 해결하고 백성들의 고통을 어루만지기 위한 암행어사의 출현은 백성들에게는 희망의 메신저였는지도 모른다.

그렇지만 어떤 관리가 암행어사로 파견된다는 것은 한편으로는 고난의 길에 들어서는 것이기도 했다. 탐관오리들의 혼백을 빼놓는 추상 같은 암행어사일지라도 임무 수행이 그리 순탄치만은 않았다.

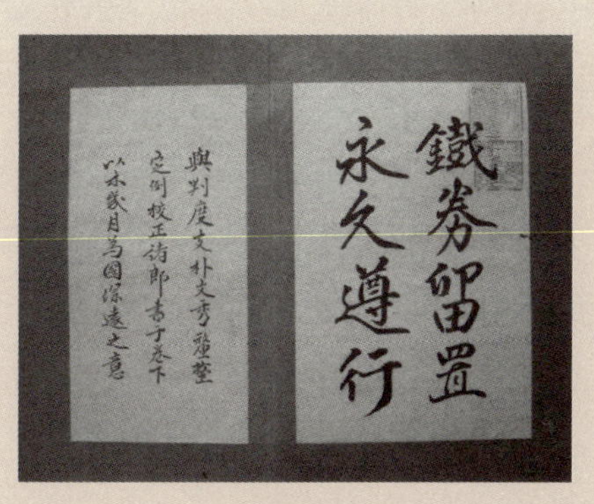

<영조어필>.
박문수의 《탁지정례》 간행을 기념하여 영조가 직접 써 박문수에게 내린 것이다.

해진 도포와 망가진 갓으로 신분을 숨긴 채 변변한 여비도 없이 암행 길에 올라 좁디좁은 주막에서 새우잠을 자는 것은 다반사였다. 때로는 임무 수행 중에 사단이 나곤 했다. 1539년(중종 34)에 강원도에 파견된 암행어사 송기수는 강릉에서 비리를 증명할 수 있는 불법 문서를 적발하고도 이것을 도난당하는 바람에 큰 낭패를 보기도 했다. 심한 경우 암행어사가 의문의 죽음을 당하는 경우도 있었다. 1763년(영조 39) 호남 암행어사로 파견된 홍양한은 정읍으로 출두를 앞두고 여관에서 음식을 먹다가 급사했다. 사건 발생 이후 유력한 용의자를 붙잡아 심문했지만 독살로 추정되는 홍 어사의 죽음은 영원한 미스터리로 남았다.

　이처럼 다소의 우여곡절이 있긴 하지만 조선에서 시행한 암행어사 제도가 다른 나라에서 유래를 찾기 힘든 독특한 감찰제도였던 것은 분명하다. 가까운 중국의 경우 일찍부터 절대 권력자인 황제가 측근을 어사로 임명하여 지방을 살피도록 했지만, 조선의 암행어사처럼 자신의 신분을 숨기며 감찰을 한 것은 아니었다. 지금처럼 교통과 통신이 발달하지 않은 상황에서 방방곡곡의 지방 관리들을 일일이 감시하고 백성들의 동태를 살피기 위해서 국왕이 비밀리에 어사를 파견한 것은 효과적인 일이었을 것이다. 어사는 산간벽지의 백성들에게까지 왕의 성덕과 은혜를 베풀고, 백성들의 억울함과 어려움을 해결해 줄 수 있는 자들이었다. 이처럼 유용한 감찰제도였기에 암행어사라는 명칭이 사용된 중종 대부터 조선 말기인 고종 대까지 무려 400여 년간 암행어사 제도가 활용되었던 것이다.

어사 박문수에게 다시 돌아가 보자. 설화 속 박문수와 실제 인물 박문수 사이에는 분명 차이가 있다. 그렇지만 설화 속 박문수의 모습은 현실의 박문수를 토대로 만들어졌다는 것도 부인할 수 없다. 앞서 살펴보았듯이 박문수는 성격이 과격하고 고집이 세다는 지적을 받기도 했다. 그렇지만 강한 신념과 정의감으로 똘똘 뭉친 혁신적 인물이었다. 늘 백성의 편에 서 있던 그의 삶에서 땀내를 느낄 수 있으며, 정의의 힘을 감지할 수 있다. 바로 이 같은 이유로 박문수가 여러 지방의 관리로 파견되어 행한 많은 업적과 일화조차도 모두 어사로 활약할 때의 업적으로 평가되고, 때론 과장되고 미화되어 백성들에게 널리 전파될 수 있었던 것이다.

이런 과정을 거쳐 형성된 설화 속 박문수의 활약은 분명 우리에게 큰 감동과 재미를 준다. 그는 상대를 기죽이는 관복 대신 남루한 차림으로 전국을 누비며 백성들과 함께 호흡했다. 신분의 거리를 두지 않고 백성들과 섞였으며, 늘 힘없고 가난한 백성 편에서 고락을 함께했다. 백성들의 입에서 입으로 전해져 내려온 수많은 그의 일화는 그래서 더욱 친근하고 진실되며, 통쾌하고 감동적이다.

친근한 얼굴로 오늘날까지 우리의 가슴속에 살아 숨 쉬는 암행어사 박문수. 부정부패 척결이 초미의 과제인 오늘, 당장 뛰어가 억울함을 호소할 수 있는 다정한 이웃 아저씨 같은 현대판 암행어사 박문수는 지금 어디에 있는가?

망이 · 망소이 _ 신분의 굴레 속에서 터져 나온 반란의 목소리

현실의 고통과 권력에 대한 정면돌파, 작은 변화를 꿈꾸다

망이 · 망소이의 저항은 무신정변 전후의 사회경제적 폐단으로 인한 가중된 수탈정책에 맞선 것이었다. 결국 허위이긴 했지만 소를 현으로 승격시키는 중앙의 양보를 얻어냈다는 점에서 망이 · 망소이는 이후의 저항세력들에게 큰 영향을 끼쳤다. 이 저항은 약 1년 6개월 동안 충청도 지역의 교통 요지를 점령하는 신속성과 대담성을 보여 주었다. 이들이 이와 같은 결과를 낼 수 있었던 이유는 근거지였던 명학소의 지역적 특성 및 소민(所民)과 같은 불만 층을 끌어들일 수 있는 시대적 분위기 때문이었을 것이다.

신안식 : : 숙명여자대학교 다문화통합연구소 연구교수

망이 · 망소이

고려 후기

1176년(고려 명종 6) 1월 형 망이와 동생 망소이는 신분 해방을 위해 스스로 '산행병마사(山行兵馬使)'라 칭하고 공주 명학소(鳴鶴所, 지금의 대전 서구 둔산지구 일대)를 중심으로 봉기해 공주를 함락시켰다. 조정에서는 이들이 거주했던 천민 부락 명학소를 충순현(忠順縣)으로 승격시키고 현령을 파견하는 등 회유책을 썼으나, 망이와 망소이는 오히려 예산을 공략해 감무(監務)를 살해하고, 충주까지 점령했다.

1177년(고려 명종 7) 1월 정부가 대장군 정세유를 남적처치병마사(南賊處置兵馬使)로 삼아 봉기군을 공격하자 망이와 망소이는 항복을 요청했다. 이에 군으로부터 처벌 대신 곡식까지 나누어 받고 고향으로 압송됐으나 2월에 다시 난을 일으켜 청주목(淸州牧)을 제외하고 이 지역의 모든 군현(郡縣)을 점령하게 된다. 그러나 관군이 전면적인 토벌작전을 벌여, 봉기 1년 반 만인 7월에 망이와 망소이는 함께 붙잡히고 만다.

무신정변과 고려 사회의 폐단, 민의 반란을 야기하다

1170년(의종 24) 정중부, 이고, 이의방 등 무신들이 정변을 일으켜 문
신들을 대거 살육하고 정권을 장악했다. 무신정변은 기존의 지배 질
서를 붕괴시켰으며 고려 사회의 정치·경제·사회·문화 등 각 분야의
전환점이 되었다. 외연상으로는 문신 중심의 문벌귀족 사회가 와해되
고 무신이 주된 정치세력으로 등장하게 된다. 그러나 무신들 사이의
알력으로 정치권력의 안정을 이루지 못하고, '이고·이의방 정권 → 정
중부 정권 → 경대승 정권 → 이의민 정권 → 최씨 정권' 등 잦은 권력
의 변동이 이어졌다. 이런 중앙의 불안정은 12세기 전반부터 소극적
으로 진행되던 지방사회의 저항을 전국적으로 확산시키는 결과를 가
져왔다.

　　무신 정권은 결국 우리나라 역사상 가장 지속적이고 대대적인
지방사회의 저항에 직면했다. 무신 집권기의 저항 중에서도 특히

1176년(명종 6) 공주 명학소민(鳴鶴所民) 망이와 망소이의 저항에 주목하는 이유는 일반민을 중심으로 한 저항의 단초를 열었다는 점과 현호(縣號) 승격과 진압 등 중앙정부의 강온 양면이 대두되었다는 특징적 요소 때문이다. 저항 주동자의 신분을 올려 준 사례는 있었지만, 현호의 승격을 통해 특정 지역을 우대했던 사례는 쉽게 찾아볼 수 없다. 이것은 망이ㆍ망소이 저항이 여타 저항세력에게 미치는 영향력이 그만큼 컸다는 의미이기도 하다.

12세기 전반기 지방사회의 소극적인 저항은 '백성의 유망화(流亡化)' 현상이었다. 이것은 고려 왕조의 군현체제와 수취체제의 모순에 일차적인 원인이 있었다. 고려의 군현체제는 중앙에 의한 지방 지배의 상징적인 권력 장치였으며, 생산 계층인 민(民)을 좀 더 직접적으로 지배할 수 있는 매개체로써 기능을 수행했다. 이런 군현체제의 편성은 수취체제 운영 방식과 밀접한 관계가 있었다. 고려 왕조는 지방을 주·부·군·현(州·府·郡·縣)의 군현제 영역과 향·소·부곡(鄕·所·部曲) 등의 부곡제 영역으로 구분하고 수취체제 운영 방식에도 각기 차별을 두어 군현의 주민에게는 조·포·역(租·布·役) 3세를 부과했던 반면, 부곡제 영역의 주민에게는 그 외에 특수한 역을 부과했다. 예컨대 부곡제 영역의 소(所)는 국가에 필요한 각종 물품을 전문적으로 생산하는 곳으로 일반 군현의 주민들보다 무거운 역을 담당한 지역이었다. 따라서 고려 전기의 국가 운영 방식 위에서 체계화되어 가던 군현체제와 부세체제는 12세기에 접어들면서부터는 심각한 도전을 받게 되었다.

11세기 이래 귀족문화가 번창하면서 이로 인한 재정 규모의 확대와 사치에 대한 수요의 증가 등은 민에게 과도한 별공(別貢) 수취 및 공역(貢役) 부담의 증가를 가져왔다. 또한 지배층의 토지 탈점 및 지방관과 재지(在地)세력(중앙세력에 내비되는 토착적인 지방세력)의 폐난은 생산 계층의 유망화를 재촉했다. 유망화는 비록 조직적인 저항은 아니었지만 예종의 즉위교서(卽位敎書, 왕위에 오르면서 발표하는 교지)에서 "유망이 서로 이어져 열 집 가운데 아홉 집이 비었다(流亡相繼 十室九空)"라고(《고려사(高麗史)》 권12, 예종 즉위년 12월) 할 만큼 전국에 걸쳐 광범위하게 발생해 지배체제에 심각한 타격을 주었다. 이에 지배층은 유망에 대한 일정한 대응책을 제시하기도 했지만, 그것은 통치 기반의 유지를 위해 기존의 지배체제를 보완한 것에 불과했다.

이와 같은 불안정한 사회에 더욱 획기적인 사건이 1170년(의종 24)의 무신정변이었다. 무신정변은 의종이 보현원(普賢院)에 갔을 때 호위를 맡은 정중부, 이의방, 이고 등 무신들이 주동이 되어 발생했다. 그 원인은 우선 고려 전기 이래 무신에 대한 차별로 쌓인 그들의 불만을 들 수 있는데, 고려시대의 무신은 법제적으로 문신과 함께 양반(兩班)을 이루고 있었지만 문신에 비해 매우 열악한 대우를 받았다. 무신의 관직은 정3품 상장군까지였고, 그 이상으로 승진하면 문신의 관직을 받을 수 있었으나 사실상 그것은 거의 불가능했다. 따라서 무신은 2품 이상의 재상(宰相)이 될 수 없었으며, 이것은 곧 무신들이 국가의 정책 결정에 제한적이었다는 것을 의미한다. 동시에 군대의 최고 지휘권도 문신들이 장악했다. 즉 귀주대첩의 강감찬, 여진정벌의 윤관 그리고 묘청의 서경반란을 진압한 김부식 등도 문신이었다. 또한 경제적 분배 과정에서도 무신이 문신에 비해 열악한 처지에 있었다.

무신의 이런 현실적 처지에도 불구하고 고려 전기 이래 거란·여진과의 전쟁이나 이자겸과 묘청의 반란을 수습하는 과정에서 무신들의 역할은 상대적으로 컸다. 이것은 다른 한편으로는 무신들의 정치·사회적 지위가 높아질 수 있는 조건이었다. 그러나 무신에 대한 차별이 계속되자 종국에는 정변이 폭발했던 것이다. 결국 무신정변은 사회경제적 변동에 따른 지배층 내부의 정쟁이라는 점에서 이전의 이자겸이나 묘청의 반란과 크게 다르지 않았다.

무신정변의 성공은 문신에서 무신으로 정치세력이 교체되었다는 점과 무신뿐만 아니라 일반 군인들도 합세했다는 점에서 향후 새로운 사회경제적 질서 재편의 기반을 다진다는 데 그 의의가 있었다. 하지만 무신정변 이후 고려 사회는 왕조 질서가 뒤흔들리는 커다란 소용돌이에 빠지게 되었다. 무신정변 이후 집권 무신세력은 문신을 지속적으로 탄압했고, 내부의 권력 쟁탈과 잦은 정변은 정치세력들의 이합집산을 빈번하게 했다. 중앙의 이런 상황은 집권 무신세력의 정치권력 독점과 이것을 유지하기 위한 토지 탈점 등의 사적 지배 기반 확대, 지방관과 재지세력의 탐학으로 인한 농민들의 고통, 무신 정권의 지방 통제책에 따른 재지세력의 동요 등 지방사회의 변동에 큰 영향을 미쳤다.

중앙 지배층의 폐단―탐학한 권력으로 가중된 백성의 곤궁

명종 대 집권 무신세력들의 폐난은 사적 지배 기반의 확대에서 비롯되었디. 그 대표적인 것이 토지 탈점이디. 무신정변 이후 정치세력의 변동으로 집권 무신세력들은 권력 기반을 안정적으로 유지하기 위한 경제적 기반이 필요했다. 정변세력들이 토지제도를 개혁하지 않았던 것으로 보아 자신들의 일차적 경제 기반은 기존의 토지분급제(관품에 따라 토지를 나누어 주는 제도)를 통해 확보한 것으로 여겨진다. 그러나 당시의 문란한 토지분급제를 통해서는 경제적 기반을 확보할 수 없는 상황이었기 때문에 그들은 주로 불법적인 토지 탈점으로 사적인 경제 기반을 구축했다.

무신정변의 성공은 지금까지 열악한 처지에 있었던 정변 주도세력들에게는 새로운 경제적 기반을 쌓을 수 있는 기회였다. 정중부, 이의방, 이고 등은 왕실 재산을 침탈했을 뿐만 아니라, 정중부의 경우에는 "시중(侍中, 고려시대 종1품 벼슬)이 되어서 전원(田園)을 널리 설치하였다"라는 기록에서 알 수 있듯이 권력을 이용해 경제적 기반을 확충했다. 이의민은 "주민들의 집터를 강탈하여 자기 집을 크게 넓혔고, 다른 사람의 토지를 강탈하며 마음대로 포학을 부리니 나라 전체가 무서워서 떨었다"라고 할 정도로 광범위한 토지 탈점을 자행했다. 이들은 주로 최고 권력자라는 자신의 위상을 이용해 사적 경제 기반을 구축했으며, 그들의 주변 인물들도 상당한 경제 기반을 확보했다. 정중부의 사위였던 송유인은 왕실과 비교될 정도로 막대한 재산을 소유한 인물이었다. 경대승의 아버지인 경진도 무신정변 이후 높은 벼슬에 오른 인물이었고, 그 또한 토지 탈점을 자행했다. 무신정변의 주도세력이었던 조원정은 지방관으로 파견되어 각종 탐욕을 부렸으며 심지어 중서성(고려시대 최고 중앙정치 기구) 공해전(公廨田, 국가 기관의 관청 및 왕실과 궁원의 경비를 조달하기 위해 지급된 토지)의 조세를 탈취하여 좌천되기도 했다. 문극겸은 자신의 종을 여러 지역에 보내 전원(田園)을 널리 장만하기도 했다.

토지 탈점의 방법으로는 공문서 위조를 통한 수조권(收租權, 벼슬아치가 나라에서 부여받은 조세를 받을 권리) 침탈과 고리대에 의한 토지 자체를 침탈한 경우 등이었다. 그런 토지는 "벼슬에 있는 자들이 탐오하여 공전과 사전을 빼앗아 겸병하니 한 집이 가진 기름진 옥토가 몇 고을에 걸쳤다"라고 할 정도로 방대한 규모였고, 그것은 곧 농장(農莊)을 통해서 확대 재생산되었을 것이다.

물론 집권 무신세력들은 당시 사회적 불만을 해소하기 위해 합리적인 경제 운영을 시도하기도 했다. 이의방이 평두량도감(平斗量都監)을 설치해 두승(斗升, 말과 되)에 모두 평목(平木, 평미레. 곡식을 말이나 되로 잴 때 그 위를 밀어서 고르게 하는 원기둥 모양의 나무 방망이)을 쓰게 한 것이나, 정중부 집권기에 좌·우창(左·右倉)의 두개(斗槩, 말과 되의 평미레)를 합리적으로 운영하려 한 것, 경대승 집권기에 재추·대간·중방의 관리들이 경시서(京市署, 고려시대 개경의 시전을 관리, 감독하던 기관)에 모여 두곡(斗斛, 곡식을 되질하는 일)을 검사하고 거짓됨을 살폈다는 것 등은 새로운 정권기에 합리적인 경제 운영을 하여 사회적 불만을 해소하기 위해 시행했던 것이다. 그러나 이 시기에 곡물 유통을 둘러싼 도량형의 비리가 널리 행해지고 있었기 때문에, 이런 시도는 주변의 반발로 곧 실패하고 말았다. 곡물 유통이나 부세(賦稅) 징수에 있어 도량형의 비리는 결국 생산 계층의 부담으로 이어졌을 것이며, 토지 탈점과 더불어 민의 처지를 더욱 곤궁하게 했다.

이와 같이 집권 무신세력들이 광범위한 사적 경제 기반을 확대한 것은 무신 정권의 독특한 권력유지 형태에서 비롯된 것이었다. 명종대에는 정변 주도세력들을 중심으로 한 다수의 정치세력들이 존재했던 것으로 보인다. 이런 점이 자신의 정치권력 유지를 위한 방편으로써 사적 지배 기반의 확대를 더욱 부추겼다고 하겠다. 따라서 집권 무신세력들에 의한 공적 관료체제의 유지와 사적 지배 기반의 확대는 상호 모순적일 수밖에 없었다. 그들은 12세기 이래 사회경제적 모순으로 불거진 지방사회의 동요를 안정시켜야 함에도 불구하고 사적 지배 기반의 확대를 자행함으로써 지방사회의 불만을 더욱 심화시켰다.

지방사회의 폐단 — 무신 정권의 한계를 드러내다

무신정변 이후 집권 무신세력들은 정변의 정당성과 확고한 지배 기반을 다지기 위해 중앙의 지배질서 재편과 더불어 대민정책을 펴 나갔다. 그 일환으로 지방관을 대거 파견해 중앙의 통제력을 강화했다. 그러나 지방관은 지방사회에 대한 국가적 지배의 실현보다는 개인의 영달과 권력세력을 비호함으로써 수탈자의 면모를 보여 주었다.

1175년(명종 5) 4월의 교서에서, "여러 고을을 맡은 자는 정실에 따라 상벌을 주거나 백성을 침해하지 말라"고 하여 이 시기 지방관의 폐단을 경계하고자 한 것을 알 수 있다. 1186년(명종 16) 윤7월의 교서에서도 "근래에 수령들이 백성들의 재물을 아무 거리낌 없이 가혹하게 수탈하므로 백성들이 고통을 견디지 못하여 고향을 떠나 유랑하는 자가 날로 늘어났다"라고 하여 지방관의 폐단을 지적하고 있다. 1188

년(명종 18) 3월에 제시된 일련의 '개혁책'에서도 지방관의 폐단을 지방사회 문란의 주요 원인으로 지적했다. "수령들이 그리 긴급하지도 않은 공적인 일로 백성을 침해하며 괴롭히고 소란스럽게 굴어 백성들이 그 폐해를 견디지 못하고 떠돌아다니거나 흩어져 도망하여 죽을 땅으로 굴러 떨어진다"라고 하는 등, 지방관은 공적인 일을 빙자해 사적인 이익을 채우는 부패자로 인식되었으며, 이에 민의 유망을 재촉하는 주요인으로 지적되었다.

이와 같은 지방관의 폐단은 집권 무신세력의 의도로 단행된 지방정책에서 비롯했다. 그들은 명종 2·5·6년에 대규모의 감무(監務, 고려 중기와 조선 전기에 중앙의 관원을 파견하지 못한 지방의 작은 현을 다스리기 위해 파견한 지방관)를 파견했고, 무신을 지방관으로 대거 파견하는 등 지방 통제를 강화했다. 고려 초기에는 지방관이 없는 속군·속현(屬郡·屬縣)이 많았다. 이곳들은 주군(主郡)과 주현(主縣)을 통해 간접적으로 정부의 지배를 받았는데, 1106년(예종 1)부터 속군과 속현 및 향·소·부곡 등 말단 지방행정 단위에 비로소 감무를 파견하기 시작했다. 물론 이것은 12세기 이후 확대되던 지방사회의 동요에 대한 대처였다.

그러나 지방관은 집권 무신세력들의 토지 탈점과 농장 운영 등 사적 지배 기반의 확대에 결탁하거나, 자신의 영달을 위한 무리한 세금과 가혹한 수탈로 민의 처지를 더욱 곤궁하게 했다. 그런 점에 대해 사신(史臣) 권경중이 "경인년(1170년, 의종 24)과 계사년(1173년, 명종 3)에 정변이 있은 이후로 시정(市井)에서 짐승 잡고 술 팔던 무리와 활을 당기던 군사들 중에서 부당하게 외직(外職)의 수령에 참여한 자가 많았다. …… 벼와 기장 밭에 소와 말을 놓아두고 꿩과 토끼가 있는 곳에 매와 사냥개를 풀어놓고서 그 짐승들이 물어뜯는 것을 금하고자 하면 그것이 되겠는가", "이속(吏屬)이 나쁜 짓을 고치지 않고 백성이 편안하게 되지 못한 것은 영(令)이 좋지 못한 것이 아니라, 즉 실행하는 성의가 따르지 못한 때문이었다"라고 지적한 것처럼, 지방관의 폐단은 무신 정권의 한계였다.

결국 무신 집권기의 지방관은 지방사회의 안정을 위한 국가 지배력 강화라는 차원과 집권 무신세력의 사적 지배 기반 확대 및 이익 추구라는 상호 모순된 상황에 처해 있었기 때문에 저항을 불러일으킬 수 있는 요소를 항상 지니고 있었다.

백성의 유망과 저항세력화 — 오직 살기 위한 몸부림

무신 집권기 일반민은 중앙 지배층 및 지방관과 재지세력의 수탈로 피폐해 있었다. 여러 문헌에서 보이는 '지치고 시달린 백성의 마음', '피로한 백성', '백성들의 취락은 쓸쓸하고 궁색하였다'라는 표현 등에서 이 시기 지방사회의 실상을 짐작할 수 있다. 그리고 무신 집권기 이규보의 여러 글에서도 이런 점을 확인할 수 있다.

"영산(靈山)은 가장 궁벽한 고을이라 / 오가는 길이 아직도 황무하구려 / 흉년이 드니 도망하는 가호(家戶)가 있고 / 백성은 순박하고 노인이 많구려", "그중에 교활한 이속(吏屬)들이야 / 비록 죽더라도 이치에 당연한 것이 / 평소에 그 얼마나 침탈하여 / 백성의 고혈(膏血)로 제 몸 살찌웠던가", "이 고을이 비록 이름난 곳이나 쇠잔하고 파괴되어 옛날에 비하기 어렵네 / 백성이 주려 다 채색(采色)이니 하루인들 어찌 차마 보리오", "이성(伊城)에 들어가니, 민호(民戶)가 소잔(凋殘)하고 취락이 소조(蕭條)하여 객관(客館)도 초가요, 이속이라고 와 뵙는 자는 4~5인에 불과하였으나, 보기에 측은하고 서글펐다", "장안의 호협가(豪俠家)에는 구슬과 패물이 산 같이 쌓였는데 / 절구로 찧어 낸 구슬 같은 쌀밥을 / 말이나 개에게도 먹이며 / 기름처럼 맑은 청주(淸酒)

를 종들도 마음껏 마시네 (……) 매일같이 얼마만큼 땅을 갈았던가 / 풍년 들어 천종의 곡식을 거둔다 해도 / 한갓 관에 바치기 위한 것일 뿐 / 머지않아 다 빼앗겨 / 가진 것이라고는 한 알도 없네 / 어쩔 도리 없이 땅을 파 부자를 캐 먹다가 / 굶주림에 지쳐 쓰러진다오 / 농사지을 때를 제외하고는 / 어느 누가 이들에게 좋은 음식 먹여 줄까 / 그 노동력을 요구하는 것일 뿐 / 네 먹는 입을 위함은 아니리"

이런 구절 등에서도 이 시기의 농민들이 얼마나 굶주리고 수탈당했는지 잘 알 수 있다.

결국 무신 집권기 민의 유망과 도적이나 저항세력으로의 변화는 그들의 자위책에서 비롯된 몸부림이었다. 더구나 지방사회를 주도적으로 이끌던 재지세력의 동향은 이중적이었다. 그들은 민의 처지를 외면하고 국가 권력과 결탁해 지방사회의 주도권을 장악하려 하거나, 중앙 정부의 지방정책이나 지방사회 내의 대립과 갈등에 의해 상대적으로 소외되었던 재지세력이 직접 저항세력이 되기도 하고 민의 저항을 추동하는 경우도 있었다. 이런 중앙과 지방사회의 총체적 모순이 무신 집권기에 지방사회의 저항을 불러일으켰다.

명학소 저항의 전개 과정

무신정변의 발생이 문무대립에서 비롯되었고, 명종 대의 정책에서도 문신에 대한 과도한 탄압이 여러 차례 있었다. 이런 정치적 상황은 새롭게 부상한 정치세력과 기존 정치세력 사이에 권력 쟁탈을 촉발시켰다. 1173년(명종 3) 김보당과 1174년(명종 4) 조위총의 저항이 그 대표적인 사건이다.

김보당의 저항 목적은 무신정변 이전의 지배체제로의 복귀였다. 이 점은 김보당 세력의 근거지였던 동계(東界, 함경도를 포함하는 동북면 지역)뿐만 아니라 각 지역의 문신들에게도 지지를 받을 수 있었다. 김보당의 저항은 이 시기 전국적으로 확대되던 일반 저항세력과 재지세력의 지지를 끌어들이지는 못했으나 당시 무신 정권에게는 충격적인 사건이었다. 불안정한 정국으로 인해 무신 정권은 위기의식을 느꼈고, 이는 지금까지 고식적인 지방정책에 새로운 전기가 되었다. 3경(京)·4도호(都護)·8목(牧)·군현(郡縣)의 관역(館驛)에 무신들을 대거 임용했다. 이것은 앞서 감무 등 지방관의 파견을 통한 지방 통제보다 더욱 강화된 정책의 일환이었다. 즉 자신들의 세력을 지방관으로 직접 진출시켜 지방사회의 장악뿐만 아니라 저항세력들을 사전에 예방하자는 의도였다.

그러나 집권 무신세력의 이런 정책은 1174년(명종 4)에 서경의 조위총을 주축으로 무신 정권과 전면적인 대응을 촉발했다. 이들은 무신정변의 주축인 정중부와 이의방에 대한 토벌을 내세워 재지세력과 일반민들의 지지와 협력을 이끌어 낼 수 있었다. 이 저항은 다분히 정치적인 목적에서 출발했지만, 이후 서북면 지역과 중·남부 지역의 반무신 정권 저항세력들에게 영향을 끼쳐 일반민 중심의 저항으로 발전하는 계기를 마련했다.

이와 같이 무신정변 이후 극단적인 문신 탄압과 구지배체제로의 변동에 대한 문신과 사원세력의 반발, 무신 정권의 지방정책에 따른 서북면 지역에서의 동요 등은 무신 정권의 위상에 큰 타격을 주는 것이었다. 이런 위기의 타개책으로 이의방은 서경에 대한 강경 진압과 유화책을 동시에 펴기도 했다. 경인·계사년 이후 일련의 강권정치에서 후퇴한 유화적인 입장은 정변에 참여했던 세력들에게는 불만이었을 것이다. 또한 조위총 저항에 대한 진압 실패는 이의방 정권에게 큰 타격이었다. 게다가 이고를 제거한 이의방의 권력 독주에 대한 상대세력의 반발과, 지방사회의 동요에 따른 위기의식은 마침내 권력 쟁탈의 빌미를 제공해 결국 이의방 세력은 정중부 세력에게 제거되었다.

정중부 세력은 권력 쟁탈의 양상을 탈피하면서도 자신들을 중심으로 세력을 결집하고자 했다. 무신정변의 핵심세력인 이의방의 제거로 그 추종세력의 반발을 불러올 소지가 있었기 때문이다. 이에 정중부 세력은 정적들을 무마하고 제거해 자신들의 세력 기반을 확고히 다지는 것이 관건이었다. 아울러 지방사회의 동요에 따른 위기 국면을 안정시키는 것도 시급했다. 서경에서 조위총 세력의 기세가 확장되던 시점이었기 때문이다.

이것에 대한 타개책으로 1174년(명종 4)의 교서를 통해 지방관과 이속(고려, 조선시대에 각 관아에 둔 구실아치), 왕권, 풍속 등의 문제를 제시했다. 특히 지방관과 이속에 대해서는 민을 침탈하고 그들의 고혈(膏血)을 긁어 개인의 이익을 채우며, 공적인 일을 빙자해 사적인 이

익을 도모하는 자들로 파악하고 있었다. 이 점은 다분히 이고와 이의
방 집권기에 시행되었던 대민정책의 시정을 염두에 둔 것이었다. 이
고·이의방 정권에서는 감무 파견을 통해 지방 통제를 강화했고 지방
관의 문무 병용을 통해서 무신들을 지방관으로 대거 임명했다. 감무
와 지방관으로 파견된 무신은 무신 정권의 안정에 기여할 수 있는 자
들이었지만, 한편으로는 오히려 폐단을 낳을 수 있는 자들이기도 했
다. 따라서 안찰과 감시 기능을 강화해 이전부터 지속되었던 지방사
회의 불만 요소를 제거하여 흩어진 민심을 회복하려던 것이다. 정중
부 정권에서도 1175년과 1176년(명종 5·6)에 감무 파견을 통해 중앙
집권을 강화하고자 했다. 이런 조치는 사회 모순을 제거하기 위한 개
혁이기보다는 기존 지배체제를 수용하여 정권의 위상을 세우기 위한
것이었다.

정중부 세력은 의종을 시해함으로써 김보당·조위총의 난이 발발
하는 등의 정치적 저항의 빌미를 제공했다는 혐의를 벗기 위해 의종
을 장사 지내고 원당(願堂)을 세웠으며, 대외적으로는 금나라에 사신
을 파견하여 외교적인 안정을 추구했다. 또한 조위총 등의 저항세력
에 대한 대대적인 진압으로 중앙권력을 강화시켜 나갔다. 그러나 중
앙의 정치운영 불안과 지방사회의 동요는 계속되었다. 정중부 정권이
국법질서의 회복을 통한 안정을 추구하긴 했지만 중앙의 권력 독점이
나 사적 지배 기반의 확대와 당여(黨與)들의 횡포 등 이전의 모순들을
되풀이했기 때문이다.

이 시기 서경에서 조위총 등의 저항이 계속되었고, 북계(北界, 평

안도를 포함하는 서북면 지역) 용강현(龍岡縣)의 주민들이 조위총의 저항에 가담하려 했으며, '남적(南賊, 고려 중기에 남부 지방에서 민란을 일으킨 무리들을 통틀어 이르는 말)'의 사례들도 확인할 수 있다. 이런 지방사회의 동요가 지속적으로 나타나던 중에 1176년(명종 6)에는 공주 명학소의 망이와 망소이를 중심으로 대대적인 저항이 일어났다.

1차 봉기와 정부의 회유―명학소에서 충순현으로 승격되다

공주 명학소민 망이와 망소이 등이 무리를 불어 모아 스스로 산행병마사(山行兵馬使)라 하고 공주를 공격하여 함락시켰다. 정부는 지후(祗候) 채원부(蔡元富)와 낭장(郎將) 박강수(朴剛壽) 등을 보내어 달랬으나 적은 따르지 않았다.

―《고려사절요》 권12, 명종 6년 정월

이 자료는 망이·망소이의 저항을 기록한 첫 번째 사례로, 망이·망소이의 저항 원인에 대해서는 나타나 있지 않다. 그 원인에 대해서는 농민 반란과 부곡민들의 신분적 반항이 합해진 것이었다거나, 군현의 주민에 비해 가혹한 수취를 당한 향·소·부곡민들의 불만이 저항 촉발의 계기였다거나, 농경사회 분화로 인한 농민층의 불만과 국가의 직접 수탈체제에서 벗어나고자 했던 소민(所民)들의 신분해방 운

명학소 민중봉기 기념탑과 조각상 일부.
(대전 서구 탄방동 남선공원 내)

동이 합세해 봉기했다는 등의 다양한 연구 견해가 있다.

대부분의 연구에서는 그 주동세력이 소민이라는 점에 특히 주목하고 있다. 고려의 지방사회는 군현제 영역과 부곡제 영역으로 이루어져 있었다. 이중에서 부곡제 영역에 속한 소(所)는 금·은·동·철·자기 등 중앙정부에서 필요한 각종 물품을 전문적으로 생산하여 공납하는 기구였으며, 일반 군현의 주민들보다 무거운 역(役)을 담당한 지역이었다. 소에 속한 주민은 전문적인 물품 생산을 담당했다는 점에서 신분적 범주는 공장(工匠)이었고, 신분은 천업 종사자로 양민보다 낮았다. 중앙정부는 소의 물품 생산을 각 군현이 직접 관리하게 했고, 소에서 생산된 물품은 군현을 통해 수취했다.

이와 같이 소의 주민들은 소속 지역의 특성에 따른 특정 역뿐만 아니라 역 이외의 기간에는 본래의 생업인 농업에 주력하는 등 상당한 고역에 시달렸다. 또한 이들 지역은 사적인 이익을 도모하는 지배층의 수탈에 쉽게 노출되었다. 따라서 명학소의 저항이 발생하게 된 원인을 파악하기 위해서는 이 시기 전후 무신 정권의 지방정책을 살펴볼 필요가 있다. 무신 정권이 성립되면서 중남부 지역에는 1172년(명종 2)에 51개 지역, 1175년(명종 5)에 10개 지역, 1176년(명종 6)에 5개 지역에 감무가 파견되었다. 감무 파견은 12세기 이래 지방사회 동요에 대한 대처였으며, 집권 무신세력의 지방 통제를 강화하기 위한 것이었다. 특히 1175년과 1176년의 감무 파견은 1174년(명종 4)에 발발한 서북면 지역의 조위총 저항에 대처하기 위한 것으로 파악된다.

망이·망소이 저항의 근거지였던 공주에는 1172년(명종 2)에 회

덕군(懷德郡), 부여군(扶餘郡), 석성현(石城縣) 세 곳에 감무가 파견되었다. 《신증동국여지승람》에 의하면 공주에는 수철(水鐵)과 동철(銅鐵) 등의 토산물이 있고, 명학소(鳴鶴所), 금단소(今丹所), 갑촌소(甲村所), 촌개소(村介所), 복수소(福水所), 박산소(樸山所), 금생소(金生所) 등 일곱 개의 소가 있었다. 공주의 토산물이 동과 철이었다면 이들 소의 생산물 역시 이에 관계되는 물품이 주류를 이루었을 것이다.

고려시대 철은 그 용도가 매우 다양했다. 가장 대표적인 것은 철제 무기와 농기구 등이며 그 외에도 화폐 주조와 불상 제작 등 다양하게 쓰였다. 특히 중앙의 군기감은 국가에서 필요한 무기를 생산하는 곳으로 철이 지속적으로 제공되어야 하는 곳에 있어야 했다. 이곳에서는 큰칼과 창, 쇠갑옷을 제작하거나 철을 단조하는 장도장(長刀匠)·모장(矛匠)·백갑장(白甲匠)·연장(鍊匠) 등의 장인들이 국가에서 필요한 무기를 생산했다. 철의 공급은 거의 공납을 통해 조달됐는데, 막대한 양의 철과 숯을 보관하기 위해 개경 주변 사방에 '고수탄철고(固守炭鐵庫)'를 설치했다고 한다. 이곳은 지방에서 조달된 철과 숯을 대량으로 저장하여 군기감 등에 지속적으로 제공하는 역할을 했을 것이다. 또한 지방에서도 지방군을 무장시키기 위한 무기 제조가 이루어졌을 것이며, 각 주요 서섬 지역에는 무기 제조장이 있었을 것으로 어거진다.

국가에서는 필요에 따라 농촌에 농기구를 제공해 주기도 했는데, 이에 따라 지방에는 농기구 생산을 위한 일종의 대장간이 있었을 것이며, 그 기능을 소에서 담당했을 것이다. 고려 왕조는 농업 국가였고 그에 따른 농기구의 생산도 많았을 뿐만 아니라 철의 수요도 높아 국가에서 필요한 철은 각 지역에 분포한 소를 통해 조달했다. 소의 기능이 어디까지 이루어졌는지 정확하지는 않으나 대체로 제련과 주조까지 이루어졌을 가능성이 크다. 소에서는 철광석을 채취하여 선광하고 제련하여 철정(鐵鋌) 형태의 1차 가공품을 생산해서 공납하거나, 관련 제품을 직접 생산하여 국가나 지방 관아에 제공했을 가능성도 있다. 그러나 국가가 일단 세공(稅貢)의 형태로 수취할 때에는 제련한 상태의 철정이었을 가능성이 크다.

철소(鐵所)는 철 생산지가 가까이 있어야 하고, 철광석 제련을 위한 목탄(숯)을 용이하게 공급할 수 있어야 하며, 철의 제련과 생산에 필요한 장인, 그리고 철광석을 운반할 수 있는 인력을 확보할 수 있어야 한다. 이런 조건을 모두 갖춘 철소도 있지만 그렇지 않은 경우도 있었을 것이다. 그러나 철소의 가장 중요한 조건은 철광석을 인근에서 쉽게 채취할 수 있어야 한다는 것이다.

만약 명학소가 철소였다면 그 입지 조건이 충족되어야 할 것이다. 이와 관련해 현재 명학소로 추정되는 곳은 대전시 서구 탄방동(炭坊洞)으로 예전에 '숯뱅이'라고 불렸다는 사실이 시사하는 바가 크다. 이는 명학소에서 숯이 생산되었으며 주변에서 생산된 철광석을 제련할 수 있는 철소의 입지 조건을 갖추고 있었음을 의미한다. 명학소가 철소였다면 이곳에도 철을 다루는 장인이 있었을 것이다. 이는 명학소 봉기의 중심 인물이었던 망이와 망소이가 장인이었을 가능성도 있다고 볼 수 있다. 물론 장인이라 하더라도 부곡의 주민이었기 때문에 차별을 받았겠지만, 명학소 내에서는 일정한 지위를 행사했을 가능성도 있다.

따라서 명학소에서 봉기가 일어난 이유에 대해서 당시 서북면 지역의 저항을 진압하기 위해 무기류의 수요가 폭발적으로 늘어나면서 명학소민들의 부담이 커지자 그에 따른 불만이 폭발한 것으로 추정할 수 있다. 즉 명학소민의 저항은 소 지역의 수취체제에 따른 부담과 이 시기 가중되었던 집권 무신세력과 지방관들의 탐학 그리고 재지세력의 폐단에서 비롯되었다고 할 수 있다. 이런 점은 다음의 자료에서 잘 드러난다.

> 여러 영부(領府)의 군사가 익명으로 방을 붙여 이르기를 "시중 정중부, 그의 아들 승선 정균, 사위 송유인은 권력을 제 마음대로 하면서 방자하게 횡포한 짓을 하고 있다. 남적(南賊)이 일어난 근원도 여기에 있다. 지금 만약 군사를 동원하여 적을 토벌하려면 반드시 이들을 먼저 제거한 연후에야 가능할 것이다"라고 하였다. 정균이 이를 듣고 겁이 나서 사직을 청하고 여러 날 출근하지 않았다.
>
> —《고려사절요》 권12, 명종 6년 8월

> 남적이 예산현(禮山縣)을 공격하여 함락하고 감무를 죽었다.
>
> —《고려사》 권19, 명종 6년 9월 신해

군사들이 문제로 삼았던 남적은 중남부 지역의 여러 저항세력들을 지칭했겠지만, 명종 6년에 가장 주목되는 남적은 공주 명학소의 저항세력이었다. 따라서 정중부, 정균, 송유인 등 정중부 정권 핵심세력의 권력 횡포가 남적 발생의 원인이었다고 한다면, 명학소의 저항 원인 역시 지배층의 폐단에서 비롯되었음을 알 수 있다. 또한 예산현을 공격하여 지방관인 감무를 죽인 것도 이에 연유했을 것이다. 예산현에 감무를 설치한 시기는 그 연대가 불분명하지만 아마도 1172~1176년(명종 2~6) 사이에 설치되었을 것으로 추정된다. 이 역시 지방 정책에 대한 무신 정권의 반감에서 비롯한 것이다. 명학소의 저항이 일어난 시기가 조위총의 반란이 한창 벌어지던 때였다. 이제 다급한 쪽은 정중부 정권이었다.

장사(壯士) 3,000명을 불러 모아 대장군 정황재와 장군 장박인으로 하여금 거느리고 가서 남적을 토벌하게 하였다.

—《고려사》 권19, 명종 6년 2월 정해

남적집착병마사(南賊執捉兵馬使)가 아뢰기를 "적과의 싸움이 불리하여 사졸(士卒)이 많이 도망하였으니 청컨대 승병(僧兵)을 모아 군사를 구제하여 주십시오"라고 하였다.

—《고려사》 권19, 명종 6년 3월 을묘

앞서 명학소의 저항이 발발하자 중앙정부는 선유사(宣諭使, 나라에 병란이 있을 때 임금의 명령을 받들어 백성에게 훈유를 알리던 임시 벼슬)를 파견하여 무마하려 했지만 실패하였다. 이에 따라 장사 3,000명과 승병을 동원하여 진압에 나서게 되었음을 위의 자료를 통해 알 수 있다. 진압군에 정규군을 동원하지 못하고 장사와 승병을 동원하였던 것은 서북면 지역의 진압책으로 관군을 동원하기가 어렵기 때문이었을 것이다. 게다가 서북면 지역에 대한 지속적인 진압은 여기에 동원된 군인들에게도 불만을 불러올 수 있었다. 이런 상황에 따라 중앙정부는 급기야 무마책을 제시했다.

> 망이의 고향인 명학소를 승격시켜 충순현(忠順縣)으로 삼고 내원승(內園丞) 양수탁을 현령(縣令)으로, 내시(內侍) 김윤실을 현위(縣尉)로 삼아 진정시키게 하였다.
>
> —《고려사》 권19, 명종 6년 6월 병술

> 양온동정(良醞同正) 노약순·주사동정(主事同正) 한수도가 거짓으로 평장사(平章事) 이공승·상서우승(尙書右丞) 함유일·내시장작소감(內侍將作少監) 독고효 등의 편지를 만들어서 망이에게 보내 이들을 끌어들여 함께 난을 일으키려고 하였다. 망이가 그 사자를 잡아서 안무별감(安撫別監) 노약충에게 보내니 그가 그들을 수갑 채워 압송해서 보냈다.
>
> —《고려사절요》 권12, 명종 6년 9월

망이와 망소이가 봉기한 지 반년 만에 중앙정부는 그들의 고향을 소에서 현(縣)으로 승격시켰다. 이것은 소민에게 부여된 무거운 역으로부터 벗어날 수 있는 조치였다. 이런 중앙정부의 조치를 명학소의 저항세력도 고무적으로 받아들인 것으로 보인다. 그것은 중앙의 정치세력이 이들을 끌어들여 반란을 획책하려 했지만 망이가 그 사자를 잡아서 안무별감(安撫別監)에게 보냈던 사례에서도 살펴볼 수 있다.

이런 사실들에서 보면, 망이·망소이의 저항은 무신정변 이후 사회경제적 모순에서 비롯되었고, 중앙정부의 회유책도 저항세력의 의도대로 이루어졌음을 알 수 있다. 이것은 곧 지방 저항세력의 승리였고 여타 저항세력에게 끼치는 영향과 파장도 컸다. 하지만 봉건적 질서를 유지해야 하는 지배세력의 양보는 극히 제한적이었을 것이며, 아마도 그것은 명학소민이 재봉기를 했던 이유였을 것이다.

2차 봉기와 실패—칼날 아래 죽을지언정 항복하지는 않으리라

중앙정부의 회유책이 명학소의 저항을 무마시키는 데는 일단 성공한 것으로 보인다. 그러나 이후의 사건 전개는 걷잡을 수 없는 방향으로 흘렀다. 중앙정부는 명학소를 충순현으로 승격시켰음에도 불구하고 이후 이들에 대한 토벌을 강행했다. 명학소를 충순현으로 승격시킨 것이 1176년(명종 6) 6월이었는데 이 시기는 조위총이 죽어 그가 수장으로 있던 서북면 지역의 저항세력이 차츰 와해되던 시점이었다. 중앙정부는 명학소를 충순현으로 승격시켰지만 남적에 대한 토벌책은 꾸준하게 진행하고 있었다. 결국 정부의 위무 정책은 저항세력을 진정시키기 위한 고육책에 불과했을 뿐이다. 또한 저항세력 내부의 역량도 급격하게 떨어지고 있었다. 그 사실들을 시간에 따라 정리하면 다음과 같다.

중앙정부에서는 1176년 12월에 정세유와 이부를 처치병마사(處置兵馬使)로 삼고 좌·우도(左·右道)로 나누어서 남적을 공격하게 하였다. 이 와중에 1177년(명종 7) 정월에 망이와 망소이가 항복하고, 정부에서는 감찰어사 김덕강으로 하여금 그들에게 곡식을 주고 고향으로 압송하게 하였다. 이 시점에서 주목할 점은 망이와 망소이가 항복하고 이후 재봉기했다는 것이다.

우선 망이와 망소이가 항복한 이유에 대해서는 자세한 자료를 확인할 수 없다. 하지만 이에 대한 배경은 이들의 저항 목적이 권력을 잡기 위한 정치적인 배경보다는 그들이 처한 현실적인 문제에 더 집착했다는 점에서 찾을 수 있다. 그들은 최고의 희망인 '충순현'으로 현호의 승격을 얻어냈고, 감무를 죽임으로써 중앙과 연결된 폐단을 끊을 수 있었다. 이런 일차적인 목적 달성은 이후 저항세력 내부의 문제로 비화될 소지가 있었다.

명학소의 저항세력이 일정한 싱과를 획득한 것은 어타 지역과 저항세력들에게는 고무석인 현상이었을 것이다. 이에 비해 숭앙정무로서는 부담스러운 문제가 아닐 수 없었다. 이런 와중에 1176년 11월에 손청(孫淸)이 스스로 병마사(兵馬使)도 칭하고 가야산을 근거도 저항을 일으켰다. 이들이 가야산을 근거로 했다는 점과 망이 등이 재봉기했을 때 가야사를 공격했던 사실은 저항세력의 분열 혹은 확대를 의미한 것으로 보인다.

　망이와 망소이 세력이 자신들을 산행병마사로 일컫고, 손청이 스스로 병마사로 불렀다는 것에서 두 세력이 동질적인 성향의 저항세력으로 보인다. 앞서 예산현을 남적이 공격하여 감무를 죽인 사실이 있는데 예산현의 토성에 손씨가 있었다는 점이 주목된다. 가야산이 예산과 서산의 경계에 있고, 또 예산현의 토성에 손씨가 있는 것으로 보아 손청이 예산에 근거를 둔 토호라고 보는 견해도 있다. 즉 이곳에서 일정한 세력을 확보하고 있던 손씨 등의 토호들은 중앙에서 감무를 파견하자 주도권의 이전을 거부하다가 충돌이 생겼고, 이에 토호들은 탐학한 지방관에 의해 고통 받던 일반민과 합세하여 예산현의 관아를 점령하고 감무를 살해했다는 것이다.

　그러나 비슷한 지역 내 새로운 저항세력의 등장은 망이·망소이 저항세력에게도 부담스러운 사건이었을 것이다. 이런 점이 무신 집권기 저항세력의 전략전술적인 한계와 마찬가지로 중앙과의 타협을 시도하는 형태로 전개되었고, 급기야 1177년(명종 7) 정월에 망이와 망소이가 스스로 항복했다고 판단된다. 이들이 항복을 선택하게 된 배경을 자세하게 알 수 있는 자료는 없지만 그들의 저항 목적이 정치적인 것이 아닌 군현으로의 승격이라는 현실적인 문제였던 점이 작용했을 것이다. 이런 점이 중앙정부에서도 이들을 곧바로 처단하지 않고 곡식을 주어 그들 고향으로 압송시킨 배경이었을 것이다.

　그렇다면 곧바로 재봉기한 이유는 무엇이었을까? 이는 "망이 등이 홍경원(弘慶院)에 불을 질러 중 열 명을 죽이고 주지승을 핍박하여

가야산 전경.
― 망이 · 망소이는 예산과 서산의 경계에 있는
가야산을 근거로 하여 재봉기했다.

가야사 터.
― 가야산에서 재봉기한 망이와 망소이가 공격했던 가야사는 현재 사라지고,
그 자리에 흥선대원군의 아버지 남연군 묘가 있다.

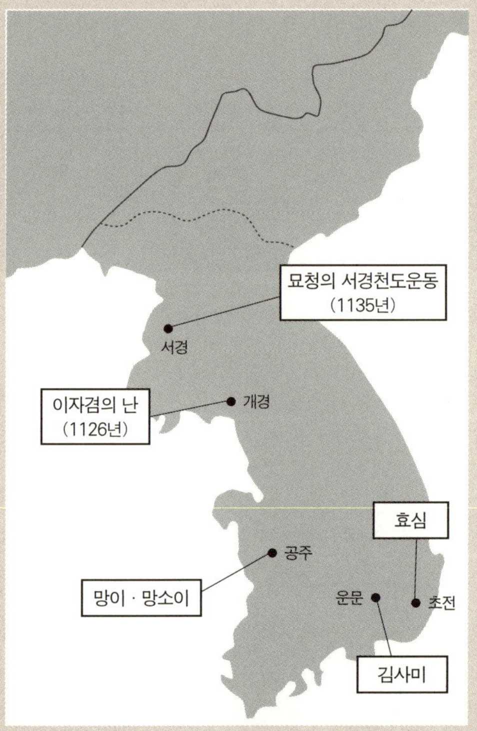

고려시대 무신 집권기에 망이와 망소이의
명학소 민중 봉기를 비롯해 묘청,
이자겸, 효심, 김사미 등의 많은 민란이 있었다.

글을 가지고 개경으로 가게 했다. 그 글에 이르기를, '우리 고향을 현으로 승격시키고 수령을 배치하여 백성을 안무하더니 곧 군사를 보내어 우리 고향을 치고 우리 어머니와 처를 잡아 가두니 그것은 무슨 까닭인가? 차라리 칼날 아래서 죽을지언정 항복하여 포로가 되지는 않을 것이며 반드시 왕경(王京, 개경)까지 가겠다'라고 하였다."(《고려사》 권19, 명종 7년 3월 신해)라는 자료에서 볼 수 있듯이 중앙정부의 허위적인 위무책에 대한 반발이었다. 이제는 죽음을 각오하고 왕경까지 점령하려는 강경한 저항으로 진전되었다. 그런데 망이와 망소이가 재봉기했을 때 가야사나 홍경원 등과 같은 사원을 공격했던 사실이 주목된다. 가야사는 사원이지만 가야산을 끼고 있어 전략적으로 중요한 시설이며, 홍경원 역시 교통의 요지에 있었다. 이런 점은 재봉기의 전술적인 면을 반영하는 것으로 이해할 수도 있지만 중앙정부와의 전면적인 대결을 상징하는 것이기도 하다.

가야사와 홍경원은 불교 사원이다. 불교 사원은 신앙의 장소일 뿐만 아니라 중앙 혹은 지방의 유력 계층과도 유대를 맺고 있었다. 즉 재지세력은 불교와 사원을 통하여 지방사회의 구심적인 역할을 하였고, 이를 통해 중앙 정치세력과도 연결하려고 하였다. 가야사가 위치한 가야산은 '내포(內浦, 과거에 예산·당진·홍성·서산 일대를 일컫던 지방 이름)'의 중심부로 물산이 풍부한 곳이었다. 이 일대는 바다와 깊숙이 들어온 만(灣)이 있고, 토지가 비옥하고 들이 넓으며 물고기와 소금 등이 넉넉하여 부자가 많이 사는 곳으로 널리 알려진 곳이었다. 그 중심에 가야산이 있고 가야산 자락에 바로 가야사가 있었다. 홍경원 또한 일종의 사찰이었기 때문에 불상이나 탑이 설치되고 각종 종교 행사가 행해지는 곳이었다. 하지만 사원보다는 격이 낮았다. 그리고 원(院)은 대개 규모가 큰 사원에 예속되어 있는 경우가 많았다. 그 기능은 불법(佛法)의 전파뿐만 아니라 교통의 편리를 도모하기 위한 시설이기도 했다. 특히 홍경원의 경우 교통상 중요한 지역에 위치한 시설로 추정되는데, 이런 시설은 여러 지역에 걸쳐 있어 인적·물적 교류를 관장하는 주요 장소로 주목되는 곳이었다.

저항세력이 이런 시설을 공격한 데에는 이유가 있었을 것이다. 예컨대 유력한 재지세력들이 단월(檀越, 절에 물건을 베풀어 주는 사람)로 참여한 경우, 그들은 사원을 통해 사실상의 사적인 경제활동을 영위해 나간 경우가 적지 않았을 것이기 때문이다. 특히 단월이 중앙의 권세가이거나, 그들과 결탁된 무리라고 한다면 농민들의 반감은 더욱 커질 수밖에 없었을 것이다. 또한 관군은 넓은 공간과 식량 해결의 용이성, 승병(僧兵)으로 구성된 부대의 특성 등으로 인하여 사원을 이용하는 경우가 많았는데, 특히 저항세력 진압에 필요한 주둔지로도 쓰인다면 저항세력의 주요 공격 표적이 되었을 것이다.

망이와 망소이가 재봉기하기 전에 손청 세력이 가야산을 중심으로 관군과 대치하고 있었을 것으로 판단된다. 그런 점에서 망이와 망소이가 재봉기하면서 가야사를 공격한 것은 손청 세력과의 연합을 이루려는 의도가 아니었을까 한다. 그 결과 홍경원까지 공격할 수 있었고 중앙정부에 대한 보다 적극적인 저항 의지를 보여 줄 수도 있었을 것이다. 그러나 계속적인 저항에 따른 힘의 소진과 관군의 진압으로

망이는 또다시 항복하게 되었고, 충순현이 삭제됨과 동시에 저항세력
도 와해되고 말았다.

명학소 저항의 의의와 한계

망이·망소이의 저항은 무신정변 전후의 사회경제적 폐단으로 인한
가중된 수탈정책에 맞선 것이었다. 결국 허위이긴 했지만 소를 현으
로 승격시키는 중앙의 양보를 얻어냈다는 점에서 망이·망소이는 이
후의 저항세력들에게 큰 영향을 끼쳤다. 이 저항은 약 1년 6개월 동안
충청도 지역의 교통 요지를 점령하는 신속성과 대담성을 보여 주었
다. 이들이 이와 같은 결과를 낼 수 있었던 이유는 근거지였던 명학소
의 지역적 특성 및 소민(所民)과 같은 불만 층을 끌어들일 수 있는 시
대적 분위기 때문이었을 것이다. 또한 망이와 망소이가 산행병마사(山
行兵馬使)로 자처하고, 손청이 스스로 병마사(兵馬使)라 한 것은 정치적
인 의도보다는 저항세력을 군사직으로 집중시키는 전략적인 면모를
보여 주는 것으로도 이해된다. 그 결과 중앙 및 경상도와 전라도 지방
으로 진출할 수 있는 주요 길목인 공주와 충주 등을 장악해 중앙에 대
한 압박 강도를 높일 수 있었다. 무엇보다도 이들의 저항이 정치적 목
적보다는 자신들의 현실을 극복하려는 목적이 우선이었음을 보여줌
으로써 중앙의 양보를 얻어낼 수 있었다. 하지만 이 시기 같은 목적으

로 전개된 여러 남적 세력을 아우르지 못한 분산성과 중앙과 쉽게 타협함으로써 저항세력의 역량을 스스로 꺾어 버리는 미숙성을 드러내기도 했다.

이들 저항세력이 정치적인 목적이 아니었음은 1175년(명종 5) 8월과 11월에 일련의 문신들이 이들을 이용하려 했던 사실에서 알 수 있다. 그들 중에는 산업급제, 찬승선, 진사, 도교승 등의 관직자들을 찾아볼 수 있는데 아마도 정치권력에서 배제된 하급 문신으로 보인다. 이들은 김보당과 조위총의 저항세력들처럼 동조세력을 결집하지 못한 채 '남적'이라는 저항세력과 결탁하려 하였으나, 이를 실행하지 못하고 제거되었다. 그렇지만 이들 저항의 시사점을 두 가지 면에서 찾아볼 수 있다.

첫째, 하위 문신 계통의 관직자들이 남적과 더불어 반란을 도모하고자 했던 것은 앞서 김보당·조위총 등의 저항과 마찬가지로 반무신 정권적인 차원에서 비롯되었다고 할 수 있다. 그런데 김보당과 조위총 등의 저항은 같은 처지의 불만세력들을 규합하고 일정한 지역적 기반을 가질 수 있었다. 이것은 기타 지방사회의 저항세력들도 마찬가지였던 반면 하급 문신 계통의 관직자들은 그렇지 못한 상황에서 김보당, 조위총, 남적 등 반무신 정권적인 시대적 분위기를 이용하려 했다.

둘째, 정중부 정권이 성립된 이후 그들이 정권을 안정시키기 위해서는 불만세력들을 제거할 수 있는 명분이 필요했다. 그런 명분은 기존의 문무 대립을 이용하는 편이 용이했을 것이다. 따라서 그들은 남적과 문신을 연계시켜 반대세력에 대한 위기의식을 조성하는 동시에 무신세력의 결집을 가져오는 방편으로 이용했던 것이다.

이런 시대적 분위기 속에서 망이와 망소이의 저항세력은 정치세력의 이용에 응하지 않으면서도 일차적인 저항 목적에 충실했고, 그 결과 중앙의 양보를 얻어낼 수 있었다. 하지만 봉건적 질서를 지향했던 지배세력의 기득권은 쉽게 양보되지 않았다. 이런 점은 또 다른 형태의 정책적 대응과 권력 쟁탈의 상황에서 엿볼 수 있다. 지방사회의 저항에 대해 정중부 정권은 강경 진압책으로 맞섰고, 마침내 명학소와 서경에서의 저항은 1178년(명종 8)을 전후해 일단 진정되기 시작했다. 그러나 반무신 정권과 반정중부 정권을 표방한 저항과 중앙 지배층 내의 대립으로 인해 정중부 정권의 위기 상황은 계속 잠재되어 있었다. 이에 정중부 세력은 전국 정황의 돌파구를 여는 획기적인 정책을 폈는데 찰방사(察訪使)의 파견이 그것이다.

찰방사의 파견은 탐학한 지방관을 탄핵하여 민심을 수습하고 중앙정부의 지방 통제를 강화하기 위한 것이었다. 찰방사의 원래 임무는 정기적으로 파견된 안찰사의 순찰 활동을 보완하는 데 있었다. 이들의 파견은 앞서 감무, 안찰사, 감창사 등과 더불어 지방사회의 안정을 더욱 강화시키기 위한 것이었다. 지방사회의 안정은 고려 사회 전체의 안정을 기할 수 있는 것이었다. 반면 무신 정권에 정면으로 대응할 수 있었던 저항세력의 기반이 지방사회였으므로 이 정책은 지방사회의 안정과 저항세력을 사전에 예방하기 위한 정책에서 비롯된 것이었다. 여기에서 탄핵을 받은 자가 800여 명이었다는 사실은 대대적이고 획기적인 지방관의 교체를 염두에 둔 정책이었다는 것을 시사한다.

그러나 경대승 정권에서는 정중부 정권에 의해 출척된 지방관을 1181년(명종 11)에 복권시켰다. 지방관에 대한 출척의 잘잘못을 따지지도 않은 채 복권시킨 것은 지방관과 재지세력과의 관계를 더욱 밀착시키거나 혹은 갈등을 유발시키는 조치였다. 1188년(명종 18) 이의민 정권의 '개혁책'과 최충헌 정권의 '봉사십조(封事十條)'에 서도 지방사회에 대한 문제들이 재차 지적되었다. 이 시기는 잦은 권력 쟁탈로 인해 중앙 지배질서가 문란하고, 권세가들의 토지 탈점 이 거침없이 자행되기도 하고, 지방관과 재지세력의 폐단으로 지방 사회의 불안이 심각한 지경이었다. 때문에 이런 '개혁책'의 반포는 주로 지방사회의 폐단을 시정하고 민의 안집(安集)을 위한 대책 마련 의 차원에서 이루어졌다고 하겠다. 그런 사실은 개혁 교서의 내용에 지방사회 폐단의 주체로 지방관과 재지세력이 지적된 것과 아울러 외관의 감시 기능의 강화를 강조하는 쪽으로 기술한 것에서도 확인 할 수 있다.

재지세력의 폐단을 시정하기 위한 외관(지방의 관직이나 관원)의 강화는 무신 정권의 대민정책 차원에서 계속해서 논의되던 문제였다. 외관의 주요 임무는 재지세력 감시 기능이었다. 하지만 이것은 지방 사회에서 재지세력의 역할을 제약하는 구실이 되어 결국 재지세력의 반발을 불러일으키는 계기가 되기도 했다. 즉 이 시기의 지방사회는 지방관과 재지세력에 의해 좌우되었기 때문에 이들의 관계가 재지세 력의 지배 기반을 구축하거나 도태시키면서 지방사회의 새로운 모순 으로 나타났다.

무신 정권의 개혁책에도 불구하고 사회경제적 모순의 재생산과 망이·망소이의 저항세력이 중앙의 양보를 얻어낸 것은 이후의 저항 세력들에게도 자극이 되었다. 1182년(명종 12) 관성현(管城縣)과 부성현(富城縣), 전주에서 벌어진 저항은 경대승 정권 성립 이후 지방 정책의 혼란을 배경으로 발발하였다. 그리고 경대승의 갑작스러운 사망은 권력의 공백을 초래하여 파행적인 정치 운영을 부채질했으며 지방사회의 폐단을 증폭시켰는데, 1186년(명종 16) 진주와 안동에서 벌어진 저항은 그런 배경에서 비롯된 것이었다. 이의민 집권기에는 생산조건뿐만 아니라 지방관과 재지세력의 만성적인 폐단으로 인해 1190년(명종 20) 동경(경주)에서 벌어진 저항과 1193년(명종 23) 청도 운문사 김사미 난과 초전(경남 울산) 효심의 난과 같은 대대적인 저항이 발생하게 되었다. 종국에는 고려 정부를 부정하고 신국가를 건설하려는 '삼국부흥운동(三國復興運動)'과 같은 움직임도 보였다.

결국 무신 정권의 등장과 그 이후의 여러 사회경제적 모순의 중첩은 지방사회의 저항을 확대 재생산하는 결과를 가져왔다. 지방사회의 저항은 민의 역동적인 사회의식을 키웠을 뿐만 아니라, 지배세력이 개혁 정치를 모색하게 한 원동력이었다. 이런 점에서 망이 · 망소이의 저항은 비록 자신들이 처한 현실에서 벗어나려는 일차적인 목적에서 비롯되었지만, 무신 집권기 지방사회의 저항을 한 단계 진전시켰다는 데 그 의의가 있다.

원효_ 누구도 부처가 아닌 자가 없다

무애행을 통해 중생 구제와
상생의 길을 모색하다

원효는 일탈적 파계 행위와 격식에 구애받지 않고 대중을 교화하려 했던 점에서 볼 때 언더그라운드의 거성으로 평가할 만하다. 하지만 그가 주류 질서에 대한 반동과 혁명을 꿈꾼 것은 아니었다. 그가 평범한 구도자의 길을 버리고 속세의 일파만파 속으로 뛰어든 것은 현상적 경계와 구속에 매이지 않는 자유인이었기 때문이다.

김용태 : : 동국대학교 불교문화연구소 연구교수

원효
617~686

617년 압량(押梁, 경북 경산)의 남불지촌(南佛地村) 사라수 아래에서 태어났으며, 어려서 서당 또는 신당으로 불렸다. 648년(진덕여왕 2) 황룡사에서 승려가 되어 34세 때인 650년(진덕여왕 4)에는 의상과 함께 당나라 유학길에 올랐지만 고구려 순찰대에 붙잡혀 실패하고 말았다. 651년 의상과 다시 유학을 떠난 길에 당항성(唐項城, 南陽)에 이르러 근처 동굴에서 잠을 잤는데, 아침에 보니 무덤이었음을 알고 원효는 곧 일체유심조의 진리를 깨닫는다. 그 후 분황사에서 독자적으로 통불교를 제창하며 불교 대중화에 힘썼다.

원효와 요석공주 사이에서 설총이 태어나자 원효는 이 사건을 스스로 파계로 단정하여 승복을 벗고 〈무애가(無碍歌)〉를 지어 부르며 불교를 군중 속에 퍼뜨렸다. 왕과 고승들 앞에서 《금강삼매경》을 강론하여 존경을 받았으며, 만년에는 참선과 저술에만 매진하다 70세에 혈사(穴寺)에서 입적했다. 후에 고려 숙종이 대성화쟁국사(大聖和諍國師)라는 시호를 내렸다.

원효는 당시의 거의 모든 경론에 주석을 하여 150여 종의 저서를 남긴 것으로 전해지나, 현존하는 것은 많지 않다. 이중 《대승기신론소》, 《금강삼매경론》, 《십문화쟁론》 등은 원효의 대표작이며, 원효 사상의 핵심인 일미(一味) 화쟁(和諍) 사상이 잘 나타나 있다.

원효는 누구인가

근대의 저명한 사학자이자 문학가인 최남선은 조선 불교에 대한 평가에서 인도 및 서역의 불교는 서론적이고, 중국 불교는 각론적인 데 비해 조선은 최후의 결론적 불교를 건립했다고 자부했다. 그는 그 결론적 불교의 주역으로 단연코 원효를 꼽으며 가장 단계가 높은 일승(一乘) 불교의 대표자이며 그가 있었기에 조선 불교에 빛이 있고, 조선 불교가 있음으로 해서 동방 불교에 의의가 있다고까지 극찬했다. 조선 불교에 대한 이런 평가에는 의문의 여지가 있지만, 한국 불교를 대표하는 인물로 원효를 지목한 것에 대해서는 그 누구도 반박하지 못할 것이다. 비록 세종대왕이나 이순신만큼 대중적 인지도는 없지만, 한국 사람이라면 원효라는 이름을 한 번은 들어 보았을 것이다. 특히 해골 물을 마시고 깨달았다는 전설이나 요석공주와 인연을 맺고 신라의 대표적 유학자인 설총을 낳은 사건은 그 드라마틱한 요인으로 인해 많은 사람들의 뇌리에 선명하게 각인되어 있다. 그렇지만 불교 대중화의 길을 열었던 선각자로서의 모습이나 동아시아 불교 사상의 형성에 미친 그의 영향에 대해서는 잘 모르거나 관심이 없는 경우가 많다.

원효는 한국 역사에서 독자적이고 보편적인 사상체계를 구축한 몇 안 되는 인물 중 한 명이다. 또한 난해한 관념과 개인의 사유에 머물지 않고 종교인으로서 자신의 이념을 시대에 관철시킨 실천가이기도 했다. 그는 신라 출신으로 신라에서 줄곧 활동했지만, 또한 중국이나 일본에서도 큰 명성을 얻었다. 그의 사상이 지닌 독창성과 파격적 삶은 동아시아에 널리 알려졌고 종합적인 원효의 사상체계는 후대까지 큰 영향을 미쳤다. 한편 근대에 서구의 문헌학적이고 객관적인 연구 방법론이 도입되면서 국내외 불교학계에서 원효 사상이 다시 주목받게 되었다. 이는 원효 사상의 독자성과 가치가 한국을 넘어 동아시아 전체에 통용되었음을 의미한다. 식민지 상황에서 조선 문화의 우수성을 과시하고 민족의 긍지를 찾고자 했을 때 원효는 여명과 같은 존재였다.

원효가 살았던 시대는 신분이나 지역 차별, 전쟁의 고통과 일탈된 욕망이 한 인간의 삶을 규정하고 좌우하던 때였다. 또 국가적으로는 오랜 전란을 종식시키고 삼국의 통일과 통합을 이루어야 하는 시대적 요구에 직면해 있었다. 이처럼 현실의 어려움이 극에 달하고 누구나 삶의 위안과 탈출구가 필요할 때 종교적 구원은 더 큰 힘을 발휘하기 마련이다. 당시 신라에서 그 역할을 담당해야 했던 것은 불교였다. 불교는 법흥왕 대에 공인된 이후 국왕의 권위, 국가의 이념적 지향을 뒷받침해 주었고, 주로 왕실과 귀족 등 상층 계급의 종교적 갈증을 해소하고 정신적인 구심점 역할을 했다. 하지만 삼국의 전쟁으로 인해 물질·정신적으로 피폐해진 백성들 또한 절박한 현실을 타개할 절대적 위안과 희망을 갈구하였다. 이에 교화의 대상을 일반민에게까지 넓혀서 그들을 평등하게 제도하고자 하는 불교 대중화 운동이 활발히 펼쳐졌는데, 그 중심에 원효가 있었다.

원효의 삶은 세속과 출가의 경계가 없었다. 이것은 승려나 일반 사람들이 깨달음 앞에서는 차별 없고 평등하다는 인식을 전제한 것으로 원효는 그 이론적 근거인 불성(佛性)이나 일심(一心)에 대해 깊이 이해했다. 당시에는 소승과 대승의 주요 경전과 논서 대부분이 중국에서 유입되었고, 각 경전이나 사상을 근거로 한 여러 학파와 종파가 형성되어 있었다. 불교 사상의 다양한 계통과 흐름을 분류하고 체계화하는 것은 중국은 물론 그로부터 불교를 직수입한 신라에서도 중요한 과제였다. 특히 삼장법사 현장이 인도에서 도입한 신유식(新唯識, 호법(護法) 계통의 유식학)은 기존의 불교 이해와 상충되는 점이 있었는데, 가장 문제가 된 것은 성불할 수 없는 존재를 용인한 신유식의 학설(오성각별설)이었다. 이는 모든 중생의 성불 가능성을 인정한 동아시아 불교계의 주된 흐름을 고려할 때 큰 도전이었다. 이 시기를 살았던 원효는 기존의 교학을 종합하여 중관파(中觀派, 중관론을 근저로 반야공관을 선양한 학파로 후에 유식을 설하는 유가행파와 함께 인도 대승불교의 2대 사상이 되었다)와 유식파(유가행파) 간의 갈등과 불성에 대한 상이한 이해를 해소하기 위해 다양한 사상을 종합하여 체계화시켰고, 그 방법으로 독특한 화쟁론을 제창했다.

흔히 한국 불교의 특징으로 일컫는 통불교라는 개념은 다양한 사조와 교리를 해석하여 종합한 통합적 성격을 지칭한다. 이것이 종파적 색채가 강한 일본 불교와 대비되는 한국 불교의 특성이라는 점에서는 수긍이 가지만, 조선 후기처럼 참선과 교학, 염불을 함께 수행하는 경향이 과연 한국에만 있던 특징이었는지, 그리고 그런 양상이 한국사의 전 시대에 걸쳐 일관되게 지속되었는지에 대한 구체적 설명이 필요하다. 어쨌든 통불교 전통을 언급할 때 항상 처음으로 언급되는 인물이 원효다. 그것은 여러 사상을 종합한 화쟁의 논리와 승속을 뛰어넘는 원융적 삶 때문이다. 하지만 그의 화쟁이 단순한 통합만을 의미하는지, 각각의 차이와 갈등을 해소하고 승화시키는 논리적 매개체로 기능하는지를 구분하고, 무엇보다도 한국 불교의 전통에서 화쟁과 통합의 원리가 주체적으로 계승되었는지를 명확히 밝힐 필요가 있다.

원효는 일탈적 파계 행위와 격식에 구애받지 않고 대중을 교화하려 했던 점에서 볼 때 언더그라운드의 거성으로 평가할 만하다. 하지만 그가 주류 질서에 대한 반동과 혁명을 꿈꾼 것은 아니었다. 그가 평범한 구도자의 길을 버리고 속세의 일파만파 속으로 뛰어든 것은 현상적 경계와 구속에 매이지 않는 사유인이었기 때문이다. 오늘날 7세기 신라 땅에 살았던 한 자유인의 육성과 그의 진정한 꿈을 생생히 복원하는 것은 불가능할지 모른다. 현실은 실재했던 인물 원효와 역사 속에서의 원효의 상을 구분하는 것조차 쉽지 않다. 이제 그가 걸었던 삶의 궤적과 남겨진 텍스트의 행간을 좇아 듬성듬성 비어 있는 퍼즐을 꿰맞추듯 원효의 상을 조각해 보자.

해동의 새벽이 열리다—출가와 깨우침

원효의 명성에 비해 그의 출가 동기나 출가 전후의 상황이 기록된 자료는 의외로 적다. 따라서 그의 일생에서 가장 고뇌 깊었던 순간들을 파노라마처럼 구성하기는 쉽지 않다. 원효가 환속을 감행한 후 주류 불교계와 거리를 둔 채 아웃사이더로 살았고 제자를 양성하거나 교단에 참여하지 않았기에 그의 삶에 대한 전승 자료는 그다지 많지 않다. 전해지는 원효의 전기 자료로는 9세기 초 신라에서 만들어진 고선사 서당화상비, 10세기 말 중국에서 나온 《송고승전》의 〈원효전〉, 13세기 후반에 편찬된 《삼국유사》의 〈원효불기〉가 대표적이다.

가장 연대가 앞서는 서당화상비는 원효 사후 100년이 지난 8세기 후반에 원효의 후손인 설중업이 일본에 사신으로 갔다가 원효를 흠모하는 일본인 고관에게 환대받은 일을 계기로 건립이 추진되었다. 이 비는 그로부터 20년이 지나 훗날 헌덕왕이 되는 김언승의 후원으로 세워졌다. 이때 거사 모습의 원효상이 함께 조성되었다고 하는데 출가 승려가 아닌 거사, 즉 재가신자로 형상화된 것은 당시 원효에 대한 신라인의 인식을 반영하는 것이다. 그런데 신라에서 만들어졌고 성립 연도도 원효 때와 가장 가까워 사료적 가치가 높은 이 서당화상

원효의 일대기를 적은 〈고선사서당화상비〉의 상단부 일부(800-808제작)
— 전체 33행에 각 행은 61자로 추정되며, 원효의 탄생과 행적, 학문 태도, 《십문화쟁론》의
성격과 그의 명성이 일본까지 알려졌다는 내용 등이 적혀 있다.

4·5권이 합쳐진 《삼국유사》
— 4권에 〈원효불기〉가 수록되어 있다.

비의 내용은《삼국유사》와 같은 후대의 자료에 인용되지 않았다. 이는 그 이전에 비가 훼손되었을 가능성을 암시하는데, 다행히 20세기에 들어 몇 조각으로 깨진 비석의 일부가 발견되어 내용의 절반 정도는 알 수 있게 되었다.

원효는 나말여초에 신이한 승려, 또는 보살로 추앙되었고 고려시대에는 그의 사상을 종지(宗旨, 종파의 근본 가르침)로 내세운 해동종(또는 분황종)을 필두로 네 개 이상의 종파에서 종조(宗祖, 종파를 세우고, 그 종지를 펼친 사람)로 받들었다. 대각국사 의천 또한 해동 조사 원효를 높이 평가하여 자신의 형인 숙종에게 화쟁국사(和諍國師)의 시호를 청하여 추증하는 한편 원효 비의 건립을 추진했다. 이것은 의천이 죽은 뒤 12세기 후반에 원효가 입산했던 경주 분황사에 '화쟁국사비'라는 이름으로 세워졌다. 하지만 이것 또한 훼손되어 현재는 받침돌인 귀부와 탁본 일부만 전해진다. 하지만《삼국유사》의 〈원효불기〉에는 서당화상비는 물론 화쟁국사비의 존재도 전혀 언급되어 있지 않다.《삼국유사》의 저자 일연은 원효와 동향 출신으로 원효 행장(行狀, 사람이 죽은 뒤 그의 행적을 적은 글)과 향전(鄕傳, 민간에 전해오는 이야기) 등의 기록을 인용하여 원효의 삶 일부를 복원했다. 특히 요석공주와의 인연 등 대중에 어필할 만한 내용을 수록했는데 이것은 다른 자료에는 없는 것이다.

국내뿐 아니라 중국에도 원효의 명성은 널리 퍼졌고 그에 관한 설화와 전승도 전해졌다. 그중 가장 시대가 앞선《송고승전》의 〈원효전〉은 이후 원효 전기의 바탕이 된다. 여기에는《금강삼매경》성립과

화쟁국사비의 받침돌
— 분황사에 세워진 화쟁국가비의 비석은 현재 사라지고 받침돌만 남았다.

김정희 탁본
— 화쟁국사비 받침돌에 1817년 추사 김정희가 새긴 글의 탁본.
"此和靜國師之碑趺 金正喜"라고 새겨져 있다.

그 이해에 원효가 깊이 개입했음을 보여 주는 설화가 자세히 실려 있다. 또 〈의상전〉 항목에서 의상과 함께 유학을 떠나려던 원효가 무덤 속에서 깨달음을 얻은 일화를 소개하고 있는데, 이후 중국에서 나온 《종경록》, 《임간록》 등은 이 《송고승전》의 내용에 해골 물을 가미하여 극적 요소를 더했다. 원효는 일본에서도 추앙받았는데, 13세기 일본의 승려 묘에(明惠)는 〈화엄조사회전〉(의상과 원효가 법을 구한 사연을 기록한 두루마리 그림으로 《대일본불교전서》에 실려 있다)에서 화엄조사 의상과 원효의 일생을 그림으로 묘사했다. 이들 현존 자료를 통해 원효의 삶을 재구성해 보자.

《삼국유사》의 〈원효불기〉에는 원효가 617년(진평왕 39) 압량군 불지촌(佛地村)의 밤골에서 태어났다고 되어 있는데 현재 경상북도 경산시 자인면 일대로 추정된다. 모친이 품속에 별이 들어오는 태몽을 꾸었고 출산할 때는 오색구름이 땅을 덮었다고 하며 또 길을 가다가 밤나무 아래에서 낳았다고도 한다. 그 열매가 보통과 달리 매우 컸다고 하는 이 밤나무는 사라수(娑羅樹)로 불렸는데 부처가 열반한 곳에 있던 나무 이름 또한 사라수다. 원효의 성은 설(薛)이며 어릴 때 이름은 아버지의 털옷을 두르고 태어났다고 하여 '새 털(新幢)'이라는 한자의 음을 따 서당(誓幢)으로 불렀다 한다. 원효라는 이름은 훗날 스스로 지었다고 하는데 이것은 '새벽'을 뜻하는 말로 태양처럼 빛나는 부처의 가르침(佛日)을 상징한다고도 한다. 조부는 잉피공이었고 부친은 신라 17관등 중 제11위인 내마를 역임했다. 즉 원효의 출신은 골품제에 편입된 귀족 가문이었고 원래는 수도인 경주에 연고를 두었지만 부친

대에 경산으로 이주했다. 어릴 때의 일화는 전하지 않으며 또 출가를 결심한 동기도 알 수 없다. 다만 출가 후에 자신의 집을 내놓아 '초개사'라는 절을 세웠고 사라수 옆에 사라사를 건립하였다고 전한다. 원효는 승려가 된 뒤에 한 명만을 스승으로 모시지 않고 각지의 유명한 고승들을 직접 찾아다니며 경전과 교학을 배웠다. 당시는 신라에 선종이 도입되기 전이었고 따라서 스승이 제자에게 심법을 계승하는 선종의 전등 전통이 정착되지 않았었다.

승려 원효는 30대 중반인 650년 무렵 처음으로 중국 유학을 시도했다. 의상과 함께 육로를 통해 요동까지 갔지만 고구려 수비대에 붙잡혔고 수십 일 만에 다시 돌아왔다. 당시 유학을 떠난 가장 중요한 목적은 기존 교학과는 다른 새로운 사상을 접하고 이해하기 위해서였다. 645년 인도에서 17년간의 유학을 마치고 중국에 돌아온 삼장법사 현장은 많은 경전과 새로운 논서를 들여왔는데 주된 내용은 인도 유식학의 신조류를 반영한 신유식이었다. 신유식은 이전에 중국에 들어와 정착된 구유식과 견해가 달랐는데 그 대표적인 논쟁점은 불성에 대한 이해 문제였다. 기존 이해와는 상반되는 신유식의 도전은 당시 중국 불교 사상계에 엄청난 반향을 불러일으켰고, 그 소식은 바로 신라에 전해졌다. 교학적 이해의 심노를 더해가던 원효는 빨리 그것을 접해 보고 싶었을 것이다. 첫 유학 시도가 미수에 그친 바로 다음 해에 또다시 의상과 함께 중국으로 향했는데 이번에는 해로를 통해 바로 가고자 하였다. 《송고승전》의 〈의상전〉에는 의상의 유학 과정을 서술하면서 이때의 일을 다음과 같이 소개하고 있다.

범어사 의상대사 영정(범어사 소장)　　　　원효대사(호림박물관 소장)

— 650년 경 원효는 의상과 함께 당나라 유학을 시도했다.

중국으로 가는 배를 타기 위해 신라의 당주로 가다가 갑자기 소나기를 만나 길가 동굴에서 비바람을 피하였다. 다음 날 깨어나 보니 동굴인 줄 알았던 곳은 다름 아닌 고분이었다. 전날 밤에 고분 속 해골 옆에서 잤던 것이다. 비가 그치지 않아 나가지 못하고 무덤 입구에서 기다렸는데 밤에 귀신들이 나타났다. 원효는 '어제는 동굴인 줄 알았기에 마음이 편안했는데 오늘은 귀신 소굴이라 생각하니 온갖 저주가 많구나. 마음이

원효의 득도 장면을 묘사한 송광사 대웅전 벽화
— 의상과 당나라로 유학을 떠나던 원효는 동굴인 줄 알고 잤던 무덤 속의
해골들을 본 순간 득도하게 된다.

생기면 모든 현상이 생겨나고 마음이 사라지면 동굴과 무덤이 다르지 않다. 이처럼 세상은 오직 마음먹기 나름이고 모든 법은 생각하기에 달린 것이다. 마음 밖에 따로 법이 있지 않으니 굳이 밖에서 구할 것이 없도다. 나는 당나라에 가지 않겠다'라고 하고는 다시 돌아갔다.

원효의 깨우침을 선하는 이 유명한 실화는 후대에 해골 물을 직접 마신 것으로 드라미틱하게 윤색되어 전승되었다. 마음이 자용에 따라 법이 생기고 마음과 법이 둘이 아니라는 구절은 사실 원효가 중시했던 《대승기신론》의 내용이다. 원효는 이 일을 계기로 더 이상 마음 밖에서 지혜를 구하지 않았을 것이고 실제로 그는 유학의 꿈을 완전히 접었다.

깨달음을 얻은 이후에도 원효는 교학 연구와 집필 활동을 계속하여 점차 많은 저작들을 쏟아낸다. 또 한편으로는 승려의 업을 벗어던지고 번뇌로 가득한 속세의 바다로 되돌아오는 파격을 감행했다. 원효의 파계 이유가 정확히 무엇이었는지 알기는 어렵지만 세속과 출세간의 구분을 넘어서는 행위는 그의 사상적 지향과 일맥상통하는 부분이었다. 어쩌면 자신만의 깨달음을 지양하고 중생 구제라는 더 높은 가치를 전면에 내세운 대승의 이타행(利他行, 다른 이를 이롭게 함)을 몸소 실천하려 했는지도 모르겠다. 원효의 파계를 상징하는 사건은 바로 요석공주와의 인연이었다. 《삼국유사》에는 향전을 근거로 원효의 로맨스가 소개되어 있는데 다른 자료에는 전혀 언급이 없다. 그러나 원효가 스스로의 죄를 참회하는 글에서 남녀의 상(相)을 지어 오래도록 고해에 빠졌음을 술회하였고 또 아들 설총의 존재를 통해 이 사건이 사실임을 믿지 않을 수 없다. 그 자세한 경위는 다음과 같다.

원효는 어느 날 거리에서 '누가 자루 없는 도끼(과부)를 빌려 준다면 내가 하늘을 떠받들 기둥(현인)을 깎을 텐데'라고 노래했다. 이를 들은 사람들이 모두 그 뜻을 알지 못했는데, 태종무열왕이 듣고는 '이 스님이 귀부인을 얻어 현자를 낳고 싶은 모양이구나'라고 해석하고 '나라에 큰 현인이 있으면 그 이로움이 매우 클 것이다'라고 하였다. 이때 요석궁에 홀로된 공주가 있었는데 왕은 궁리에게 원효를 찾아서 요석궁으로 데려가게 했다. 궁리가 원효를 찾으러 가자 그는 이미 남산에서 내려와 문천교를 지나고 있었다. 원효는 일부러 물에 빠져 옷을 적셨고 궁리는 그를 요석궁으로 데려가 옷을 말리게 했다. 원효와 3일간 동거한 후 공주는 임신하여 이후 설총을 낳았으니 설총은 노래 내용처럼 신라의 큰 현인이 되었고 파계한 원효는 곧 환속하였다.

요석궁의 공주는 과부였지만 6두품 출신과 진골 공주의 결연, 그것도 전도양양한 승려가 파계하여 왕실과 인척 관계가 된 일은 인구에 회자될 만한 충격적인 사건이었다. 이는 태종무열왕(654~661 재위)과 집권세력의 암묵적 용인 없이는 있을 수 없는 일이었다. 그렇다면 당시 집권세력은 어떤 의도에서 이런 희대의 결합을 기획하고 감행했을까? 그 이유나 배경과 관련하여 몇 년 후 원효의 행적에서 한 가지 단서를 찾을 수 있다. 신라는 660년 백제를 멸망시킨 후 당과 함께 고구려 전선에 총력을 기울였고, 662년에는 당나라 군대에 보내는 군수물자를 수송하기 위해 김유신이 직접 평양에 갔었다. 이때 원효가 종군하여 군공을 세운 일이《삼국유사》에는 다음과 같이 소개되어 있다.

신라가 군사를 일으켜 당나라 군대와 연합하고자 사람을 보내어 시기를 물었다. 당의 장수 소정방은 송아지(犢, 독)와 난새(鸞, 란)를 그려서 보냈는데 이 암호의 뜻을 아무도 몰랐다. 이에 원효에게 묻자 그는 송아지를 쓰고 난새를 그렸다는 '서독(書犢) 화란(畵鸞)'의 앞뒤 음절을 따서 속환(速還), 즉 군대를 속히 돌리라는 의미로 해석했다. 이를 듣고 김유신이 바로 군사를 돌려 대동강을 황급히 건넜는데 고구려 군대가 쫓아와서 뒤처진 자들을 죽였다. 다음 날 김유신은 반격하여 고구려 군사 수만 명을 잡아 죽였다.

전쟁에 크게 기여한 원효의 공적을 반영하듯 '서당화상비'에서는 그가 나라를 바로잡는 문무의 덕을 지녔다고 평가했다. 국가를 위해 적극적으로 헌신한 원효의 이런 면모는 신라 집권층의 호의를 사기에 충분했다. 앞서 요석공주와의 결연은 신라 중대 왕실과 원효와의 공조를 가능하게 한 계기였으며 그 상징적 사건이었다. 그러나 이런 국가 권력과의 밀착은 어디에도 얽매이지 않는 자유인이며, 또 민중과 호흡을 같이한 불교 대중화의 선구자로 각인된 그의 이미지와는 어울리지 않는 의외의 모습이라고 볼 수도 있다. 하지만 원효의 진정한 의도를 헤아리기에 앞서 먼저 동아시아에 들어오면서 변형된 불교의 성격을 고려할 필요가 있다. 인도와는 달리 중국이나 신라에서는 출가 승려라고 해도 세속을 완전히 초월하거나 권력의 통제에서 벗어날 수는 없었다. 고위 승려일수록 최대의 후원자인 국왕에게 머리를 조아려야 했고 불교는 국가의 안정과 번영, 국왕의 복락을 기원하는 종교적 역할을 도맡았다. 더욱이 나라의 존망이 걸린 중차대한 시기에 신라인 원효가 선택할 수 있는 카드는 별로 많지 않았다. 그럼에도 이후의 행보를 고려해 볼 때 한 가지 분명한 사실은 원효의 파계나 권력층과의 공조가 연애나 개인적 안락이나 부와 권력 등의 세속적 가치 추구를 위해 행해진 것은 아니라는 점이다.

당시의 신라 사회는 혈연에 의해 신분이 고정되는 골품제 사회였다. 법흥왕 대에 확립된 골품제는 왕족의 골제, 귀족과 평민의 두품제로 나뉘는데 골품에 의해 관직의 승진 상한선이 엄격히 제한되었다. 법흥왕 이후 부모가 모두 왕족 출신인 성골만이 왕이 될 수 있었고 진평왕은 아들이 없었기에 성골의 혈연을 중시하는 전통에 의해 딸인 선덕여왕이 즉위했다. 하지만 그 뒤를 이은 진덕여왕에 이르기까지 신라는 고구려와 백제의 대외적 위협 속에서 크나큰 위기를 맞았고 시도사의 최우선 덕목으로 혈연보다 국가적 난관을 다개할 수 있는 능력이 부각되었다. 그 적임자였던 김춘추는 부모 중 한쪽만 왕족인 진골이었지만 덕망을 내세워 왕위에 올라 태종무열왕이 되었고, 신라 중대 왕실은 그로부터 시작되었다. 그는 신라가 복속시켰던 가야의 왕족 출신인 김유신에게 군권을 맡겼고, 이들 중대 집권층은 삼국 통일이라는 대업을 완수하는 데 총력을 기울였다.

이처럼 원효의 시대는 전쟁이라는 극한 현실 속에서 국가의 명운을 지키는 개인적 능력이 중시되는 한편 죽음에 대한 두려움, 상실과 절망, 인간에 대한 증오로 가득 차 있었다. 또 신라가 삼국을 통일한 후에도 백제와 고구려의 유민을 포섭하고 신분과 지역적 차별을 완화시키는 제도적 장치와 정치적 관용이 절실히 요구되었다. 이런 시기에 종교적 권능은 더욱 빛을 발하기 마련이다. 불교는 평등과 중생 구제를 지향했고, 특히 대승불교는 당시의 시대적 요구와 정확히 일치했다.

원효의 파계와 환속, 국가권력과의 공조는 이런 시대성을 간과하고는 이해할 수 없다. 그는 부처가 존재했던 당시의 인도나, 현장이 활동하던 당나라도 아닌 7세기 신라에 살았던 인물이다. 원효 이전의 신라 불교는 국왕과 왕실의 권위를 치장하고 국가의 이상을 구현하는 정치적 목적에 주로 활용됐지만, 이제는 모든 사람들의 현실적 아픔을 치유하고 내세의 안녕까지 책임져야 했다. 그런 종교적 갈망에 부응하며 중생 구제의 일념에 불타던 원효의 이해는 통합과 민생 안정을 추구하던 중대 집권세력과 상충되는 것이 아니었다. 당시 불교의 활력은 국가에 의해 통제되던 교단 밖의 세상에서 찾을 수 있었다. 대중은 불교에 열광했고 원효는 그들 속에 뛰어든 것이다. 민심의 안정과 새 시대의 희망은 당대 집권세력과 원효, 그리고 일반민에게 모두 공통의 가치였기에 이것이야말로 원효가 파계를 행하면서 세상으로 돌아온 이유가 아니었을까?

왕실의 후원으로 화려하게 복귀하다

원효는 속세로 돌아와 중생 구제와 저술에 전념했지만, 그의 능력을 높이 산 중대 왕실의 지원으로 《금강삼매경》의 해설을 맡으면서 불교계의 전면에 화려하게 복귀하게 된다. 《송고승전》에 의하면 앞서 국가의 안위를 기원하는 백고좌회가 열렸을 때 원효의 고향이자 활동 무대였으며, 김유신과 김인문(태종무열왕의 왕자) 등 중대 집권세력의 핵심 인물들이 관할해 왔던 압량주의 추천에도 불구하고 중앙 불교계의 반대로 그의 대회 참여가 무산된 일이 있었다. 백고좌회는 신라 불교 교단의 중심 사찰이었던 황룡사에서 개최되었고, 온 나라의 고승 100명이 모이는 국가적 법회였던 만큼 그 구성에 중앙 교단의 입김이 크게 작용했다. 하지만 왕실의 적극적 후원으로 원효는 경주 불교계에 자신의 존재를 다시금 알리게 되는데 《송고승전》의 〈원효전〉에 나오는 다음의 《금강삼매경》 기사는 이를 설화적으로 윤색한 내용이다.

왕비의 머리에 종기가 났는데 치료를 해도 고칠 수가 없었다. 왕과 왕자, 신하들이 명산대천의 영험한 사당에 가서 기도하였지만 끝내 낫지 않았다. 다른 나라에 사람을 보내 약을 구해오면 병이 나을 것이라는 무당의 말을 듣고 왕이 당나라로 사신을 보냈다. 그런데 도중에 남쪽 바다에서 한 노인이 홀연 배 위에 나타났다. 그는 바닷속 궁전으로 사신을 데려가 검해(鈐海) 용왕을 만나게 하였다. 용왕은 신라의 왕비가 청제(靑帝)의 셋째 딸이라고 하면서 용궁에 있는 《금강삼매경》이라는 경전이 본

각(本覺)과 시각(始覺)이 원만히 통하고 보살행을 설한 내용으로 왕비의
병을 인연 삼아 이 경전을 내줄테니 가서 유포시키라고 하였다. 이어 30
장 가량의 아직 체제가 갖춰지지 않은 경전을 주었다. 용왕은 바다를 건
널 때 혹시 문제가 생길지 모른다며 사신의 장딴지를 째고 그 안에 경전
을 넣어 밀랍 종이로 약을 발랐다. 또한 왕비의 병을 낫게 하려면 '대안'
이라는 승려에게 부탁하여 순서에 맞게 편집하도록 하고 반드시 원효가
그 논소를 지어 강연해야 한다고 당부했다. 그렇게 하면 이 경전이 설산
의 아가타약보다 효험이 클 것이라고 강조하였다. 사신이 돌아와 왕에
게 이 말을 전하자 왕은 대안에게 명하여 편집하게 하였다. 하지만 대안
은 자신은 궁에 들어가고 싶지 않으니 경전만 가지고 올 것을 요구하였
고, 경전을 받아 여덟 개의 품으로 체계적으로 편집하였다. 대안 또한
다른 사람이 아닌 원효에게 경전의 해설을 맡겨야 한다고 당부하였다.
원효는 고향에서 이 경전을 받고는 사신에게 본각과 시각이 이 경전의
핵심임을 말하고 소가 끄는 수레를 준비하여 소의 두 뿔 사이에 붓과 벼
루를 두라고 하였다. 그는 수레 위에서 논소 5권을 지었고 왕의 부탁으
로 황룡사에서 경전을 해설하게 되었는데 강연을 앞두고 누군가가 원효
의 논소를 훔쳐갔다. 할 수 없이 그는 강의 일정을 3일 후로 연기하였고
3일 만에 다시 간략한 논소 세 권을 써서 강연하였다. 왕과 신하, 승려들
이 법당을 가득 메운 가운데 원효는 어려운 내용을 조리 있게 설명하고
나서 '지난 날 100개의 서까래를 고를 때는 비록 끼지 못했지만 지금 대
들보 하나를 놓는 일은 나 혼자만 할 수 있구나'라고 자부하였고 자리에
있던 고승들은 모두 부끄러워하였다.

앞서 교단의 반대로 백고좌회에 참석하지 못했던 원효는 교학 능력을 인정받아 불교계에 자신의 존재를 알릴 수 있었다. 《금강삼매경》은 중국이나 신라에서 만들어진 위경으로 현장이 도입한 신유식의 용어가 들어 있는 점으로 미루어 650년대 초반 이후에 저술됐을 것으로 보인다. 이에 대한 원효의 논서인 《금강삼매경론》은 왕비의 병환, 왕자의 존재 등 설화의 내용으로 보아 문무왕 대인 661년에서 681년 사이에 찬술된 것으로 추정된다. 이 시기는 원효와 요석공주의 만남이 이루어진 후이고 또 전쟁에 큰 공을 세우는 등 원효와 중대 왕실의 돈독한 관계가 형성된 무렵이다. 원효의 위상을 부각시키는 이 설화에 왕실이 개입해 있는 점도 이를 반영한다.

설화의 내용을 분석하면, 《금강삼매경》의 성립 내지 도입에 중대 왕실이 큰 역할을 했음을 알 수 있다. 먼저 7세기 후반의 중대 왕실과 집권세력은 중국의 문물과 제도를 수용하는 과정에서 자신들의 기원을 중국 고대의 삼황오제에서 찾기도 했는데 왕비의 조상으로 거명된 청제 또한 오제의 하나였다. 용왕의 이름인 '검해'는 김유신 일가의 근거지였던 김해의 이칭일 수 있다. 무엇보다도 이 설화의 내용은 비록 용왕의 권위를 빌려오기는 했지만 왕비의 병을 매개로 실제로는 국왕이 주도하는 양상을 보인다. 만일 《금강삼매경》 서품에 등장하는 아가타 비구를 설산 아가타약의 의인화된 명칭으로 본다면, 당시 왕비의 병 치유라는 현실적 기원을 위해 이 경전을 도입했거나 만들게 했을 가능성 또한 배제할 수 없다. 《금강삼매경》의 성립 및 도입 과정에 절대적 비중을 차지하고 있는 원효는 그것을 주도하고 의도한 중

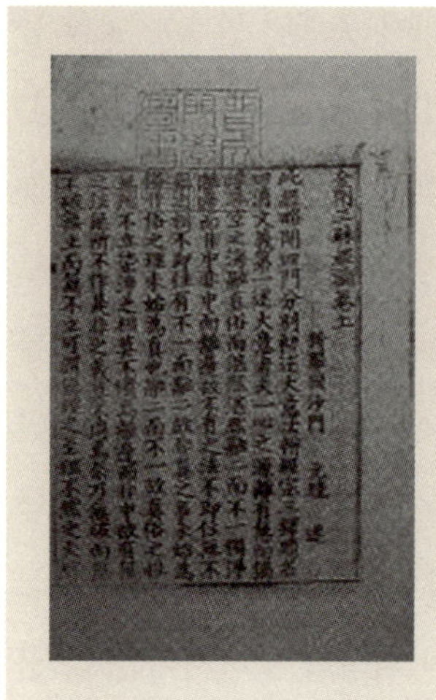

《금강삼매경론》 일부.
— 원효가 《금강삼매경》에 주석을 붙여 만든 책으로,
 660년 이후에 저술된 것으로 추정된다.

대 왕실의 후원으로 재차 각광받게 되었다.

한편 경전을 편집한 후 원효에게 해설을 맡기라고 당부한 '대안'은 저잣거리에서 활동하며 대중 교화에 전념한 승려로 전형적 아웃사이더였다. 원효와 함께 대안이 등장하게 된 것은 바로 이들이 민심을 달래고 중생을 구제하는 최전선에 있었기 때문이 아니었을까? 원효의 논서인 《금강삼매경론》에는 국왕을 '모든 백성이 의지하는 바이다'라고 칭송하고 있다. 《화엄경》에서도 보살이 왕이 되어 교화를 행하는 모습을 그리는 등 많은 경전에서 국왕의 이상적 역할을 강조했다. 원효 또한 중생 구제라는 대의를 위해 민생의 고락을 현실적으로 좌우하는 국왕에 대한 기대를 품었을 것이고 그것이 상호간의 지지와 협력을 가능케 했을 것이다.

원효의 사상적 입장과 승부수―중관과 유식의 중도적 입장과 불성

원효는 기본적으로 대승불교 사상의 근본 개념인 반야공관의 입장을 견지했다. 반야공관은 모든 현상은 연기(緣起)에 의한 것이며 자체의 본성을 가진 것은 존재하지 않는다고 본다. 이것은 영원히 존재하는 실체의 자아를 부정하는 부처의 무상(無常)과 무아(無我)의 원칙에 철저한 개념이었고, 공관과 그것에 의한 중도(中道, 치우치지 않는 바른 도리)는 인도 중관(中觀)학파(인도 대승불교의 2대 학파의 하나로 공관(空觀)을 교의의 중심으로 한다)의 핵심 사상이었다. 중관학파의 중도적 사유는 현상이나 본체가 실체로서 존재한다는 인식을 타파하고 모든 것을 상호의존적인 관계로 파악하는 것이다.

한편 중관과 함께 대승 사상의 양대 산맥을 이루었던 유식(唯識)학파는 중도적 입장을 견지하면서도 공관에 대한 상이한 이해체계를 가진다. 유식학파는 연기에 의해 생성된 모든 현상은 분명 공이며 별도의 실체가 있는 것은 아니지만 인식 작용에 의해 그것이 형성된다고 본다. 즉 현상세계는 다만 인식 작용인 식(識＝心)의 표상으로 있는 것이라는 입장이 유식설(唯識說)이다. 공(空)의 논리 위에 유(有)의 현실을 포섭했다는 점에서 유식학파 또한 중도적 관점에 기반을 두는데 원효의 사상에서 공관과 함께 유식설이 차지하는 비중 또한 매우 크다. 두 학파의 사상은 4~6세기에 걸쳐 구마라집이나 진제 등 뛰어난 번역가들에 의해 동아시아에 소개되어 크나큰 영향을 미쳤으며 그 대립과 갈등 또한 지속됐다.

　　6세기 인도에서는 중관과 유식 두 학파 사이에 공과 유의 문제를 둘러싼 일대 논쟁이 펼쳐지면서 사상체계가 더욱 심화되었다. 중관학파는 현상세계 자체의 실재를 부정하는 입장에서 유식에서 중시한 인식조차도 공으로 파악했고(일체개공〔一切皆空〕), 유식학파는 인식의 주체를 인정하여 현상을 있는 그대로 바라보자는 입장이었다(만법유식〔萬法唯識〕). 그런데 원효가 살았던 7세기 중반 인도에서 돌아온 삼장법사 현장이 전래한 유식학파의 최신 이론은 동아시아 불교계에 다시 큰 불씨를 지폈다. 이것은 기존의 유식 이해와도 상당히 달랐기 때문에 신유식이라고 칭했는데, 가장 논란이 된 것은 불성(佛性)에 대한 상이한 입장이었다. 인도에 비해 현실주의적 성향이 강한 중국 불교계의 주류 입장은 여래(부처)의 씨앗(종자)이 각 개체(중생) 안에 내재되어 있다는 여래장(如來藏) 사상과 《열반경》 불성 사상의 영향으로 모든 중생이 불성을 지니고 있어 누구나 부처가 될 수 있다(일승〔一乘〕 사상)는 낙관적 확신이 대세였다. 이것은 지론학파, 섭론학파에 이어 천태학이나 화엄학 등 대표적 교학 사상의 기본 전제였다. 일승 사상은 중생의 능력에 차등을 두는 삼승(三乘)설을 낮은 단계의 교학으로 보고 일승설의 우위를 주장했다. 이것은 부처와 중생을 본질적으로 평등하게 보는 일성설(一性說)의 입장이었고, 선종도 여기에서 출발한 것이었다.

　　이에 비해 새로 도입된 신유식의 주장은 중생의 자질을 나눈 후 아예 불성을 갖추지 못한 중생을 상정하였다. 이것이 오성각별설(五性各別說)로 최하위 단계인 무성(無性) 중생은 부처가 될 가능성이 전혀 없는 존재였다. 신유식에서는, 일승이 대중을 교화하는 방편일 뿐이며 현실적으로 나타나는 자질과 능력의 차별성을 인정해야 한다고 주장한다. 이것은 기존의 삼승설에서 한 걸음 더 나아간 것으로 원효를 비롯한 당시의 불교 사상가들에게 해결해야 할 중요한 시대적 과제였다.

한편 신유식이 구유식과 크게 다른 점은 인식(識)에 대한 이해 문제에서도 나타나는데, 이것은 불성에 대한 입장과 일정한 상관이 있다. 구유식은 인식을 순수한 인식 작용으로 보았고 형상은 실재하지 않는다는 무상(無相)의 입장이었다. 하지만 신유식은 인식이 형상을 통해 나타나기 때문에 인식의 작용과 대상(형상)은 나뉘지 않는다는 유상(有相)의 견해를 피력했다. 또한 구유식의 주류는 잠재된 무의식의 심층식인 제8식 알라야식(모든 업의 종자를 보존하여, 이 업력들로 하여금 모든 선악의 행동이 나타나므로, 연기와 윤회의 근본이 된다)에 대해 진식(眞識)과 망식(妄識) 양면이 화합된 것으로 보고 그 위에 다시 제9식 아말라식(불교의 유식론에서 인간의 마음을 설명하는 8식 중, 제8식인 알라야식이 다시 미망에서 완전히 벗어나 깨끗해진 상태)을 세워 청정무구한 본성을 갖는 순수 진식으로 설명했다. 하지만 구유식 일부와 신유식의 이론체계는 아말라식을 인정하지 않았고 알라야식도 오염된 본성을 뜻하는 망식으로 보았다. 이런 입장에서는 인식의 청정한 본성이 부정되므로 부처가 될 수 없는 중생을 상정할 수 있었던 것이다.

이러한 문제들에 대한 원효의 입장은 어땠을까? 그는 여러 극단을 절충하고 조화시키려 했는데 그 논리의 핵심은 이원성을 배제하고 극단에 빠져들지 않는 중도적 관점에 있었다. 원효는 중관과 유식 어느 한쪽으로 치우치지 않았고, 양자의 논리를 수용했다. 중도의 논리에서는 존재와 비존재가 동시적일 수 있었고, 현상과 본성 또한 구분되지 않는 것이었다. 또한 청정한 본성과 오염된 인식이라는 모순을 공의 관점에서 상대화시켜 조망했다. 나아가 일심(一心)을 매개로 일승에 대한 확고한 입장을 견지한 그였기에 일승으로 삼승을 포섭하는 태도를 취했다.

일심에 의한 통합과 실천

원효는 《대승기신론》의 일심이문(一心二門, 일체 존재의 근원이 되는 본원의 마음의 두 측면) 체계를 통해 중관과 유식의 대립을 절충하고 양 극단을 중도적으로 종합하고자 했다. 《대승기신론》은 2세기 무렵 인도의 실존 인물인 마명이 저술한 책으로 전해져 왔으나, 여래장을 언급하고 있는 등 5~6세기 무렵에야 성립되었을 것으로 보이며, 중국에서 만들어졌다는 주장도 끊임없이 제기되고 있다. 원효는 《대승기신론》이 중생을 위해 설해진 책이며, 모든 논서 중의 으뜸으로 이를 통해 다양한 논쟁을 극복할 수 있다고 극찬했다. 원효의 깨우침을 전하는 설화에서 마음을 먹으면 온갖 법이 생겨나고 마음이 사라지면 동굴과 무덤이 둘이 아니라고 하여 《대승기신론》의 구절을 패러디한 것도 원효가 얼마만큼 이 책에 매료되었는지를 단적으로 보여 준다.

　원효는 《대승기신론》에서 말하는 일심(一心)은 만물의 본원으로,

모든 법을 포섭하는 것이며 중생의 마음 그 자체라고 강조했다. 법에 대한 의혹 때문에 결국 깨닫지 못하는 중생이 《대승기신론》의 일심체계를 통해 의혹을 제거하기를 바랐던 것이다.

이문(二門)은 일심의 두 측면으로 진여문(眞如門)과 생멸문(生滅門)을 말한다. 진여문은 진리의 절대적 측면에서 일심을 파악하는 것으로 모든 법의 움직이지 않는 궁극적 원리를 의미하며, 생멸문은 번뇌에 의해 마음의 본체가 가려져 여러 현상이 요동치듯 생겨나고 없어지는 무명(無明)의 상태를 뜻한다. 결국 일심은 진여문과 생멸문의 본체와 현상 양면을 포괄하는 상위개념으로서 생멸의 관점에서 볼 때 일심은 하나가 아니며 진여의 시각에서는 둘이 아니다. 원효의 《대승기신론》 해설의 영향을 받기도 한 중국 화엄종 조사이자 화엄학 이론을 체계화한 법장은 원효와는 달리 일심을 여래장에 비정하여 진여문과 동일시했고, 생멸의 측면은 부수적인 것으로 보았다. 하지만 깨달음의 원리인 여래장과 생멸의 원리인 무명은 생멸문에 내재하는 두 가지 측면이며 양자가 결합된 알라야식에서 진리와 미혹의 세계가 함께 전개된다고 보는 것이 타당할 것이다.

원효는 위대한 사상가이면서 또한 철저한 실천가였다. 그는 모든 중생이 지혜와 번뇌에서 오는 상애를 제거하고 일심의 본래 모습을 회복하기를 절실히 염원했다. 《대승기신론》에서는 깨달음으로 향하는 실천적 수행 과정을 각(覺)과 불각(不覺)으로 나누어 구조적으로 설명하고 있다. 즉 각은 깨달음 그 자체인 본각(本覺)과 깨달음을 향해 나아가는 시각(始覺)으로 나뉘며, 불각은 본각을 자각하지 못하는 상태를 의미하는데 중생은 불각에서 시각을 거쳐 본각으로 가는 행보를 걷게 되는 것이다. 이를 위한 구체적 방법으로《대승기신론》에서 제시한 다섯 가지 실천 수행법은 대승불교의 기본 수행법인 육바라밀(보시〔布施〕, 지계〔持戒〕, 인욕〔忍辱〕, 정진〔精進〕, 선정〔禪定〕, 지혜〔智慧, 반야〕)과 크게 다르지 않다. 이 가운데 선정 수행과 지혜를 함께 강조하는 지관(止觀)이 가장 중시되었다. 지관은 천태종의 실천 수행법이기도 한데 지(止)는 마음이 고요하여 분별이 사라진 상태며, 관(觀)은 그런 상태에서 대상을 바르게 관찰하는 지혜의 통찰과 분별을 의미한다.

한편 일심의 체득과 실천을 논할 때 또 하나 빠뜨릴 수 없는 것은 《금강삼매경》에 대한 원효의 주석서인《금강삼매경론》이다. 이 논서는 반야공관 등 대승 사상을 집약한《금강삼매경》에서 한 걸음 더 나아가 신유식 사상을 수용하여 중관과 유식의 대립을 지양하고 원효 나름의 화쟁을 시도했다는 데 의미가 있다. 그러나 무엇보다도 일미관행(一味觀行)이라는 실천법을 강조하고 있어 주목된다. 이것은 차별 없는 진리의 세계로 통하는 일승법을 관(觀)하여 모든 중생이 평등한 깨우침(一覺)의 경지(一味)에 이르도록 하는 수행법이었다. 이처럼 원효는《대승기신론》의 일심 사상을 실천적 문제로까지 발전시켰는데 화엄일승은 그것을 이론적으로 완결시키는 승부수였다.

화쟁과 화엄일승—통합과 조화를 지향하다

원효는 모든 사상을 종합하는 원리로 《대승기신론》의 일심과 함께 화쟁(和諍)이라는 독자적 개념을 제시했다. 갈등과 대립을 거쳐 통일과 통합을 추구하던 시대에 그는 화쟁을 통해 조화와 종합을 꿈꾸었던 것이다. '서당화상비'에서도 그의 사상 중 가장 중요한 것으로 화쟁론을 꼽았고, 고려시대에는 화쟁국사로 불렸을 만큼 화쟁은 원효 사상을 대표하는 개념이었다. 그가 화쟁론을 집성한 책인 《십문화쟁론(十門和諍論)》은 불교의 본고장인 인도에까지 번역되어 전해졌을 정도였다. 하지만 한국 불교사의 흐름 속에서 원효의 화쟁 사상은 온전히 계승되지 못했고, 20세기에 들어와 《십문화쟁론》의 일부가 발견됨으로써 그 내용이 널리 알려지게 되었다.

화쟁 사상은 서로 대립되는 개념과 인식과 주장일지라도 각기 다른 차원에서 논점을 달리하여 동일한 진리의 모습을 설명한 것이므로 현상적인 언어나 개념의 차이에 얽매이지 말고 진리의 실상을 대승적으로 이해해야 한다는 것이다. 이는 근본적으로 모든 존재는 다르지 않다는 보법(普法) 관념에 입각하여 차별이나 갈등이 없는 평등의 세계를 추구한 논리나. 하지만 모든 현상과 상이한 개념들이 본질적으로는 결국 하나일 뿐이라고 전제한다면 굳이 그 다양성을 조화시키고 차별을 해소하기 위해 애쓸 필요가 있을까?

이 점에서 원효의 화쟁은 두 가지 측면으로 이해할 수 있다. 첫째는 화쟁의 논리가 상반되는 논의와 현상적 차별에 대한 다양한 입장을 종합하는 것일 뿐 자의적 취사선택을 통해 결론을 도출하는 것이 아니라는 점이다. 둘째, 화쟁은 모든 것을 차별 없이 있는 그대로 인정하고 극단에 치우친 잘못된 인식을 하나하나 타파하면서 한 차원 높은 단계의 본질적 인식을 추구하는 논리적 방법론이라는 점이다. 하지만 현재 남아 있는 자료를 통해 화쟁의 지향점과 방법에 대한 원효의 구체적인 생각을 읽어 내기에는 어려움이 있다. 과연 원효는 화쟁을 통해 무엇을 얻고 무엇을 뛰어넘고자 했을까? 수없이 갈라진 길들이 결국은 모두 진리의 세계로 향하고 있음을 보여 주려 한 것인지, 번뇌와 오류의 어두운 장막을 걷고 다툼 없는 진실의 세계를 열고자 한 것인지, 그 해답은 어쩌면 화쟁을 꿈꾸는 한 사람의 중생인 '나'에게서 찾을 수 있을지 모르겠다.

원효의 시대에는 이미 천태나 화엄과 같은 일승 사상이 주류였는데, 신유식의 등장은 그 이전에 완패를 경험한 삼승 사상의 부활이자 재도전이었다. 이들의 우열을 판가름하는 것이 당시 중요한 사상사적 과제로 떠올랐고, 일승의 입장에서는 자신들의 우위를 확고히 다질 필요가 있었다. 이에 여러 경전과 사상의 순위를 매기는 교판(敎判)론이 더욱 성행하게 된다.

원효 또한 만년에 저술한 《화엄경소》에서 독자적인 사교판설(四敎判設)을 제기했다. 그는 경전을 삼승 별교(別敎), 삼승 통교(通敎), 일승 분교(分敎), 일승 만교(滿敎)의 네 단계로 구분한다. 먼저 삼승 별교는 부처가 설한 사제(四諦, 고집멸도(苦集滅道))와 연기의 가르침을 담은 초기 불교의 경전과 부파 불교(석가모니 입적 뒤에 원시 불교가 분열하여 많은 교단으로 나뉜 시기의 불교)의 교학을 의미한다. 삼승 통교는 대승 사상 중에서 공(空)을 중시하는 《반야경》 계통의 중관과 함께 유식의 《해심밀경》을 배정했다. 일승 분교는 대승보살계를 설한 《범망경》 등이 해당되며, 마지막 일승 만교는 보현(普賢)의 가르침인 《화엄경》이 들어간다.

이 교판의 특징은 모든 중생의 성불 가능성을 인정하는 일승을 삼승보다 높은 단계에 위치시켜 일승 사상의 우위를 분명히 한 점이다. 또, 중관과 유식을 같은 단계에 배정하여 양자의 갈등을 무마하고자 한 점과 일승 분교에 대승의 실천적 계율 경전을 배치한 것은 여느 교판과 다른 매우 독창적인 내용이다. 마지막 특징은 현상의 무차별성과 원융무애를 설한 《화엄경》을 최고 단계인 일승 만교에 놓은 점이다. 같은 일승을 표방한 《열반경》이나 《법화경》 등이 그 아래 일승 분교에 해당한다고 볼 때 원효는 《화엄경》을 일승 사상 중에서도 가장 뛰어난 경전으로 본 것이다. 전체적으로 원효의 교판은 소승과 대승 경전, 중관과 유식 등 대승 교학을 토대로 하여, 중생 제도를 위해 보살의 길을 따라 차별 없는 화엄일승의 세계로 나아가며, 그의 삶의 이력이나 지향과도 맞아 떨어진다고 볼 수 있다.

이처럼 원효는 화엄일승을 중시했고 그가 말년에 쓴 《화엄경소》는 중국에서도 높은 평가를 받았을 뿐 아니라 일본에서는 그를 아예 화엄종 조사로 간주하는 경우도 있었다. 비록 그 자신이 화엄종 승려임을 자처한 적은 없지만 평생의 지우였던 의상을 통해 중국 화엄의 이론적 체계를 접하고 많은 영향을 받은 것으로 보인다. 화엄의 '일즉

분광사 전경
― 원효는 말년에 분황사에서 《화엄경소》 등을 집필했다.

분황사 내 보광전에 모셔진 원효 영정

다(一卽多) 다즉일(多卽一)'은 하나의 개체와 전체, 원리와 현상의 유기적 관계를 구조적으로 설명한 것으로 부처와 중생이 서로 다르지 않음을 의미한다.

원효는 화엄에 입각해 구체적 개체(事)와 원리적 질서(理) 사이에 아무 걸림이 없는 것을 진리로 인정했고 일심에 근거하여 모든 행위와 현상(事事)이 유기적 관계 속에서 차별 없이 성립한다고 보았다. 이 점에서 중생과 부처 사이의 본질적 평등과 현실적 차별의 양상은 서로 걸림이 없어야 했고 절대 타협하지 못할 극단적 대립 구도는 해소될 수 있었다. 그는 말년인 670년대에 분황사에서 혼신의 힘을 다해 《화엄경소》를 쓰기 시작했다. 하지만 보살의 자리행(自利行)과 이타행(利他行)을 중생에게 되돌려 그들을 제도한 후에야 깨달음을 얻는다는 〈십회향품〉에 이르러 절필했다.

《삼국유사》에서는 일찍이 원효가 몸을 100개의 소나무로 나눈 일을 소개하면서 그의 경지가 보살 수행의 52위계 중 41위인 초지(初地)에 해당한다고 기술하고 있다. 초지는 진리 체득의 기쁨으로 가득 차 있는 환희지(歡喜地)로서 성위(聖位)인 보살 십지(十地)의 첫 단계이며, '십회향'은 바로 그 전의 열 가지 단계로 중생의 영역(凡位)이다. 절필의 구체적 이유는 알 수 없지만 중생 구제의 실천적 이타행에 대한 깊은 고뇌에서 비롯된 것으로 이해된다. 《화엄경》에 나오는 '모든 것에 걸림이 없는 사람은 하나의 길로 삶과 죽음을 초월한다'는 구절을 화두 삼아 어디에도 걸림이 없는 화엄일승의 무애행(無碍行)을 온몸으로 실천한 그였지만, 끝내 자신이 보살이 되는 것을 마다하였던 것일까?

불교의 대중화, 출세간과 세속이 다르지 않다 — 위에서 아래로의 확산

신라의 불교는 법흥왕 대에 공인된 이후 국왕과 왕실을 중심으로 한 국가 불교의 성격이 강했다. 신라 왕실의 혈통이 부처의 석가족(釋迦族, 인도의 여러 민족 중 하나로 석가모니가 원래 석가족의 성자라는 뜻이기 때문에 석가모니의 민족으로 알려져 있다)과 같은 참된 혈족이라는 진종(眞種) 의식과 그로부터 비롯된 진골과 성골 인식, 전륜성왕(세계를 평화롭게 다스리는 이상적인 왕을 이른다)을 지향한 진흥왕의 치세나 불교식 왕명의 사용은 왕실의 권위를 높이는 데 불교가 크게 기여하였음을 잘 보여 준다. 신라는 원래 산천과 조상을 숭배하는 토속신앙의 전통이 강하여 불교가 공인되는 과정에서 처음에는 귀족들이 강하게 반발했지만, 신성한 신당이나 명산에 많은 절이 지어지는 등 상층부의 신앙은 점차 불교로 대체되었다. 진흥왕이 전통적인 산천 용신제(龍神祭)와 제천 행사를 불교 의식과 결합하여 개최한 팔관회는 국가의 안위를 기원하는 백고좌회와 함께 호국적 성격이 강한 국가 불교의 상징적 예다. 과거 칠불(이 세상에 출현했던 수많은 부처님 중에서 비바시불, 시기불, 비사부불, 구류손불, 구나함모니불, 가섭불, 석가모니불 등 일곱 분의 부처님)이 상주했던 불국토가 신라였으며, 신라가 불교와 오랜 인연을 맺어 왔다는 불국토설 또한 국왕과 국가가 불법을 통해 보호를 받는다는 믿음의 표출이었다. 원효 이전 신라에는 미륵 신앙이 유행했는데 특히 미래불인 미륵이 현세에 하생하여 중생을 구제한다는 미륵하생 신앙이 크게 주목 받았다. 진흥왕이 추구한 전륜성왕에게는 미륵하생의 현실적 토대를 닦는 역할이 부여되어 있었고, 화랑은 미륵의 화신으로 추앙되기도 했다.

국가 불교적 색채가 강조되면서 국왕은 물론 상층 귀족들도 불교를 통해 신라의 안정과 발전을 도모했다. 원광이나 자장과 같이 교단 상층부를 이끌었던 승려들은 대부분 상층 귀족 출신으로 중국에 유학을 다녀온 후 현실 정치에도 깊이 관여했다. 608년 진평왕은 고구려의 잦은 침입을 막기 위해 수나라에 도움을 청했는데, 원광은 자신이 살기 위해 남을 멸하는 것은 승려의 본분이 아니지만 국왕의 땅에 살면서 이를 거절할 수 없다고 하여 군대를 청하는 외교 문서를 직접 작성했다. 그는 불교 계율과 전쟁을 피할 수 없는 현실 상황을 동시에 고려한 세속오계(世俗五戒)의 창안자로도 유명하다. 진골 출신인 자장은 불교 교단을 통솔하는 대국통으로서 신라가 주변국을 모두 복속할 것을 염원하면서 황룡사에 9층 목탑을 건립하고 부처의 사리를 봉안했다. 이처럼 국왕과 상층 귀족은 강한 국가의식을 고취시키는 방안으로 불교를 활용했고, 교단의 지도층은 그에 적극 부응했다. 하지만 이들이 지향한 불국토는 여전히 이념형일 뿐이었고 현실은 점차 가중되는 전쟁의 고통과 국가적 위기의식으로 점철되었다. 죽음과 생을 넘나드는 과정에서 정신적 위안을 갈망한 것은 지도층만이 아니었다. 일반민일 수록 더 큰 위험과 고통 속에 방치되어 있었고 이들에게는 구원의 빛이 더욱 절실했다. 중생의 구제는 이타행을 표방한 대승불교의 핵심적 지향점이었기에 불교는 이제 모든 이들에게 희망과 자비를 선사해야 했다.

신라에서 일반 백성을 대상으로 한 불교 대중화 운동은 원효 이전부터 시작되었다. 다만 사료에서 확인되는 인물과 일화는 많지 않은데 그중에 《삼국유사》의 〈이혜동진(二惠同塵)〉에 소개된 혜숙과 혜공의 이야기가 대표적이다. 이들은 속세 한가운데 뛰어들어 중생과 함께한 새로운 불교운동의 선구자였다. 먼저 혜숙은 7세기 전반 불교 대중화 운동과 아미타정토 신앙에 일찍이 눈뜬 선각자였다. 그는 원래 화랑도의 일원이었는데 600년에 중국 유학길에 올랐으나 풍랑을 만나 실패하고 국가의 유학승 선발에도 떨어지자 이후 20년간 은거하였다. 국선(國仙, 화랑)인 구참공이 사냥을 좋아하자 자신의 허벅지 살을 베어 불살생(不殺生)의 계를 권면한 일화로 유명하다. 당시 그 소식을 들은 진평왕의 명으로 왕의 사자가 그를 찾으러 갔으나 침상에서 여자와 자고 있는 혜숙을 본 사자는 불쾌한 기분으로 돌아왔다. 그런데 오는 도중에 성안의 신도 집에서 재를 마치고 돌아오는 혜숙을 만났다. 이 설화는 혜숙의 신이함을 보여 주는 것이지만 철저히 계를 지키는 올곧은 승려로서의 모습과 계에 얽매이지 않는 초탈한 경지의 양면성을 동시에 읽을 수 있다. 혜숙은 입적하면서도 관에 짚신 한 짝만 남겨 놓고 다른 장소에 출몰하는 기적을 행하는데, 이런 초월적이고 불가사의한 힘은 당시 불교가 대중에게 어필하기 위한 전제 조건이기도 했다.

　　혜공은 귀족인 천진공 집에서 일하던 노파의 아들로 미천한 출신의 승려였다. 일곱 살 때 종기 때문에 죽을 위험에 처한 주인 천진공을 치료했고, 주인의 마음을 읽어 내는 등 그 또한 신이한 능력의 소유자였다. 출가 후에는 작은 절에 머물며 늘 술에 취해 삼태기를 뒤집어쓴 채 노래하고 춤추며 저잣거리를 돌아다녔다. 또 절에 있는 우물에 한 번 들어가면 두어 달이나 나오지 않았고 나올 때 보면 옷이 젖어 있지 않았다고 한다. 말년에는 '항사사'라는 절에 머물렀는데 당시 많은 책을 저술 중이던 원효가 자주 찾아와 궁금한 것을 묻기도 하며 함께 어울렸다. 어느 날 두 사람은 물고기를 잡아먹고 바위 위에서 볼일을 보았는데, 혜공이 원효에게 '너는 똥을 누었고 나는 물고기를 누었다(汝屎吾魚)'라고 말해 이후부터 절 이름이 오어사(吾魚寺)가 되었다고 한다. 이 밖에도 구참공이 산에 갔다가 혜공이 죽어서 그 시체가 부패한 것을 보고 슬퍼했는데 성안에 돌아오자 혜공이 시장에서 취한 채 춤추고 있었다는 일화나, 그가 공중에 뜬 채 입적했고 몸에서 수없이 많은 사리가 나왔다는 기록 등 범상치 않은 영험한 인물로 전해진다. 혜공은 반야공관을 철학적으로 이해한 중국 승조의 《조론(肇論)》을 옛날에 자신이 찬술한 책이라고 말하였고, 또 지혜(반야)와 공을 합쳐 법명을 지은 것으로 미루어 중관 사상에 일가견이 있었음을 알 수 있다. 따라서 원효가 중관 사상을 이해하는 데 있어 특히 혜공의 영향을 많이 받은 것으로 보이며 파격적인 대중 교화 방식도 유사한 점이 많다. 앞서 《금강삼매경》 성립에 관계된 대안 또한 반야공관 사상에 기반한 점은 물론, 평소 생김새와 옷차림이 특이하였고 늘 시장에서 구리로 된 바리때를 두드리며 크게 편안하라는 뜻의 '대안(大安)'을 소리쳐 외친 점에서 그렇다.

이들에 이어 원효 또한 대중 교화의 일선에 서게 되는데, 요석공주와 인연을 맺고 환속한 후 자신을 소성(小姓) 거사라고 낮추어 칭하고, 《삼국유사》의 다음 기록과 같은 일탈행을 실천한다.

큰 박을 가지고 춤추며 노는 광대를 우연히 만났는데 그 형상이 기괴하였다. 그를 본 따 박을 만들었는데 《화엄경》의 '모든 것에 걸림이 없는 사람은 하나의 길로 삶과 죽음을 벗어난다'는 구절을 따서 무애(無碍)라고 이름 짓고 노래를 만들어 세상에 퍼뜨렸다. 일찍이 이 박을 가지고 다니면서 수많은 마을에서 춤추고 노래하며 교화를 행하고 돌아왔다. 당시 가난하고 무지한 이들도 모두 아미타불의 이름을 알고 나무아미타불을 부르게 되었으니 원효의 교화가 매우 크도다.

《송고승전》에서도 원효의 교화행을 비슷한 어조로 설명하고 있다.

당나라에 가는 인연이 어그러지자 그는 마음 가는 대로 가서 노닐었다. 말도 안 되는 소리를 하고 거칠고 어긋난 행동을 하면서 술집과 유곽에도 드나들었다. 어떤 때는 《화엄경》의 주석을 지어 강의하였고 때로는 사당에서 거문고를 뜯으며 노래했다. 민가에서 잠을 자기도 하였고 자연 속에서 좌선을 행하기도 했다. 이처럼 마음 내키는 대로 하여 일정한

오어사 전경(경북 포항)
— 혜공·원효·의상·자장 등의 승려가 기거했던 곳으로,
본래 이름은 항사사였으나 혜공과 원효의 일화로 '오어사'가 되었다.

규칙이 없었다.

어디에도 걸림이 없는 무애행은 화엄의 원융무애에서 비롯된 것인데, 축제와 같은 분위기를 내면서 일상적 언어로 민중과 접하고 그들을 교화했다는 점에서 원효는 대단한 연출가였음이 틀림없다. 이런 자유자재한 교화는 짚신 장수, 노비, 화전민, 백정, 술장수 등 신분과 직업의 귀천을 따지지 않았다. 그것은 모든 중생이 불성을 타고난 평등한 존재였기 때문이다. 원효는 스스로 출가와 환속의 경험을 하면서 출세간과 세속의 경계를 넘나들었고 그렇기에 차별과 배제의 굴레를 더욱 과감히 벗어던지고 진정한 이타적 보살행을 행할 수 있었다. 많은 대중 교화가들의 활동 덕분에 원효 시대의 불교는 더 이상 국왕과 귀족 등 상층부만의 전유물이 아니었다. 시골의 촌부와 도시의 장사치에게도 호소력 있는 메시지를 전달할 수 있게 되면서 불교는 모든 계층으로 확산되었다.

아미타정토 신앙의 보급

원효는 파계와 환속, 파격적 교화 방식을 통해 무엇을 추구하고자 했을까? 그는 중생 구제의 방안으로 구체적으로 어떤 길을 제시했던 것일까? 온몸으로 세상에 뛰어들어 어디에도 걸림이 없는 교화행을 실천한 원효는 중생의 바람을 잘 알고 있었다. 대중은 현실의 질곡에서 벗어날 수 있는 쉽고 빠른 구원의 손길을 갈망했고 그 해답은 정토로 가는 길을 안내하는 것이었다. 신라에는 미륵이 현세에 하생하여 중생을 구제하고 지상낙원을 건설한다는 미륵하생 신앙이 지배층 사이에 이미 성행했었다. 하지만 실제 현실에서 미륵의 출현은 요원한 것이었고 사후뿐만 아니라 지금이라도 당장 갈 수 있는 정토가 절실히 요구되었다. 이제 시대의 염원은 아미타 부처의 서방 극락정토를 향하고 있었다. 아미타불의 이름만 외면 누구라도 어렵지 않게 아미타정토에 갈 수 있었고 이는 많은 사람들의 폭발적인 호응을 얻었다. 아미타정토 신앙의 대표적 경전인 《무량수경》에 의하면 서방의 극락정토는 안락한 세상이고 깨달음과 열반으로 향하는 세계로서 중생이 이 정토에 태어나기를 진심으로 원하고 마음속으로 아미타불을 생각하는 염불(念佛)을 행하면, 큰 죄를 지었거나 법을 비방한 자를 제외하고는 누구나 왕생할 수 있다고 설한다. 그런데 동아시아에서는 그 문호가 더욱 넓어져서 악한 자라 할지라도 아미타불의 이름을 외는 것(稱名)만으로 누구나 왕생이 가능하다고 했다. 더 나아가서는 죽기 직전에 아미타불의 이름을 부르는 것만으로도 왕생이 가능하다거나 후에는 자신의 본성과 마음이 바로 아미타불이자 정토라는 선종에서의 정토 인식도 생겨났다. 원효는 이처럼 쉽고 간편한 방법으로 현실적 고통에 신음하는 중생에게 희망을 주었고, 그들은 안도의 한숨을 쉬며 구원의 빛을 맛보았다.

원효 당대에 신라에서 아미타정토 신앙이 크게 유행하였음은 《삼국유사》에 소개된 광덕과 엄장 설화에서도 알 수 있다.

문무왕 대의 수행자였던 광덕과 엄장은 정토로 왕생할 때 서로 알리자고 약속했다. 광덕은 신발을 만들면서 처와 함께 은거하며 살았고 엄장은 암자에 미물면서 화전을 개간했디. 어느 날 저녁 엄장은 '나는 이제 서쪽으로 갈 테니 자네는 잘 있다가 나를 뒤따라오라'는 소리를 들었다. 광덕이 죽으면서 엄장에게 알리고 간 것이다. 엄장은 남편을 잃은 광덕의 처와 함께 살게 되었는데 밤에 남녀의 정을 통하려 하자 그녀는 '당신이 서방정토를 구하는 것은 나무에 올라 물고기를 구하는 것과 같다'

라고 질책했다. 엄장은 광덕도 여자와 함께 살다가 서방정토로 갔는데 왜 자신은 안 되는 것인지 의아하게 여겼다. 광덕의 처는 '그는 10여 년이나 동거했지만 한 번도 잠자리를 같이하지 않았고 밤마다 아미타불을 외우고 16관(觀)을 이루었기에 결국 서방정토에 갈 수 있었다. 1,000리를 가는 자는 첫걸음을 보면 알 수 있는데 당신은 동쪽으로는 갈지언정 서방정토에는 갈 수 없다'고 답했다. 엄장은 부끄러워하며 원효를 찾아가 가르침을 청하였고 원효가 삽관법(鍤觀法)을 지도하자 이에 뉘우쳐서 한마음으로 관법을 닦아 결국 극락에 가게 되었다. 광덕의 처는 원래 분황사의 여종이었고 19응신(應身)의 하나였다.

이들은 수행자이지만 세속 생활을 영위하고 생업에 종사한 점으로 미루어 일반민과 별 차이가 없는 낮은 신분의 승려였을 것이다. 당시 서방정토 왕생은 계층을 막론하고 관심이 높았으며 평소의 행실과 수양이 왕생의 기준으로 인식되었음을 알 수 있다. 여기서 원효의 지도를 받아 왕생했다는 내용은 당시 아미타정토 신앙의 보급자로서 그의 확고한 위상을 엿볼 수 있는 대목이다. 한편《삼국유사》에는 성덕왕 대의 노힐부득과 달달박박 일화가 수록되어 있다. 여기서는 원효 이후 아미타정토와 함께 미륵정토에 대한 염원도 널리 퍼져 있었음을 알 수 있다. 이때의 미륵 신앙은 미륵이 사는 도솔천 정토에 직접 왕생하기를 기원하는 미륵상생 신앙이었다.

친구인 노힐부득과 달달박박은 세상 밖에 뜻을 두고 머리를 깎았지만 여전히 처자를 거느리고 생활했다. 둘은 서로 오가면서 수행하였고 속세를 떠나 불교의 도를 이루고자 늘 마음을 다잡았다. 어느 날 두 사람모두 서쪽에서 흰 빛이 나타나는 꿈을 꾼 후 결국 백월산으로 들어갔다. 이들은 각기 다른 암자에 머물렀는데 부득은 미륵을 구하였고 박박은아미타를 염불했다. 3년이 안된 어느 날 저녁 20세 정도의 젊은 여자가박박의 암자에 나타나서 하룻밤 묵기를 청하였는데 박박은 청정한 절에아녀자를 들일 수 없다고 거절했다. 여자는 다시 부득에게 찾아가 깨달음을 얻는 것을 도우러 왔다며 머물게 해달라고 부탁했다. 부득도 처음에는 거절했지만 해가 이미 저물었고 또 보살의 행위는 중생을 따르는것임을 떠올리며 허락했다. 밤이 깊도록 부득은 계속 염불을 하였는데여자가 갑자기 아이를 출산한다고 하며 도움을 청했다. 여자가 해산하자 부득은 여자를 목욕시켜 주었다. 그러자 홀연히 향기가 나면서 물이황금색으로 변했고 여자는 부득에게 목욕을 하게 했다. 부득의 정신이갑자기 맑아지고 그의 피부가 황금색으로 변했으며, 옆에는 연꽃 좌대가 갑자기 나타났다. 여자는 부득에게 좌대에 앉으라고 하면서 자신이깨달음을 도우러 온 관음보살임을 밝히고 어느새 사라졌다. 다음 날 박박은 부득이 계를 어겼을 것이라 생각하고 갔는데 부득은 온몸에서 금빛이 나는 미륵존상이 되어 연좌에 앉아 있었다. 박박은 지난밤 이야기를 듣고 자신의 마음에 가리는 것이 있어서 성인을 만나고도 몰랐다고탄식했다. 그가 부득에게 서로의 약속과 인연을 잊지 말고 함께하기를청하자 부득은 박박에게 남아 있는 물로 목욕하게 하였고 그러자 박박또한 아미타존상이 되었다. 이들이 각각 미륵불과 아미타불이 되었다는

신라시대에는 미래의 부처인 미륵불이 중생을 구제하고 지상 낙원을 이룩할 것이라는 미륵하생신앙과, 서방정토 극락세계에 머물고 있는 아미타불의 이름을 외는 것만으로 누구나 극락정토에 갈 수 있다는 아미타정토 신앙이 크게 유행하며 널리 퍼져 있었다.

소문에 산 아래 촌민들이 우르르 몰려와 우러러 찬탄하였고 두 성인은 법을 설한 후 구름을 타고 사라졌다.

이 설화는 정토를 구하는 차원을 넘어 직접 아미타불과 미륵불이 되는 구도로 설정했다. 성덕왕 대인 8세기 전반에는 미륵정토가 아미타정토와 대등한 위상을 확보하고 있었다. 김지성이 부모의 명복을 빌며 조성한 감산사의 미륵상과 아미타상도 두 정토가 병립하였음을 보여주는 예다. 한편 동생 김인문을 위해 미타도량을 설한 문무왕, 죽은 누이를 위한 〈제망매가〉와 〈도솔가〉를 지은 승려 월명사, 살아서 바로 서방정토로 날아간 노비 욱면의 설화 등에서 정토신앙이 계층을 불문하고 신라 사회를 풍미하였음을 알 수 있다.

일연은 《삼국유사》에서 무식하고 가난한 사람들이 나무아미타불을 외고 염불을 하게 된 것이 모두 원효의 공이라고 평가했다. 정토는 멀리 있지 않고 누구나 갈 수 있는 가까운 곳이며 왕생의 길에 승려와 대중, 권력자와 일반민, 속세와 정토의 구분은 큰 의미가 없었다. 비록 개인의 내면적 각성과 수양이 중요한 덕목이기는 했지만, 원효 자신이 파계를 행하고도 정토를 외쳤던 것처럼 왕생을 위한 자격과 기준은 그다지 까다롭지 않았고 모든 중생은 깨달음과 왕생 앞에서 평등한 존재였다.

원효를 어떻게 이해해야 할까

원효는 80여 부 150여 권에 달하는 방대한 저술을 남겼는데, 그중 완전한 형태로 현존하는 것은 《법화경》, 《열반경》, 《무량수경》 등 대승경전과 《대승기신론》에 대한 해설서 등 모두 14부 17권뿐이다. 《화엄경소》, 《십문화쟁론》, 《해심밀경소》, 《범망경보살계본사기》 등 일부 내용만 전하는 것은 10부 내외 정도다. 전체 저술의 명칭을 보면 유식학 관련 논소가 대부분이고, 또 대중 교화와 관련된 정토 서적도 적지 않다. 현존하는 저술의 내용을 통해 원효 사상의 대강은 짐작할 수 있지만 그 전체상을 복원하는 것은 요원한 상태다. 더욱이 집필 연대와 성립 순서를 알 수 있는 것이 많지 않으며 인용한 글의 전거 또한 제시되어 있지 않아 그의 사상 편력과 사유의 전개 과정을 일목요연하게 파악하기 어렵다.

원효는 첫 번째 중국 유학 시도가 실패로 돌아간 650년대 전반부터 집필을 시작한 것으로 보이는데, 《기신론별기》가 비교적 초기의 작품이고, 《금강삼매경론》은 문무왕 대인 660년대에서 670년대 사이에 쓴 것이다. 《화엄종요》 등 화엄 관련 저술 670년대에 유학을 마치고 귀국한 의상에게서 중국 화엄종 제2조 지엄의 화엄학을 접하면서 찬술되었다. 원효의 3대 논소인 《금강삼매경론》, 《대승기신론소》, 《화엄경소》는 일명 해동소(海東疏)로 불리며 중국에도 널리 알려졌다. 특히 《대승기신론소》는 《대승기신론》에 관한 동아시아의 3대 주석서로 꼽혔고, 중국 화엄 제3조인 법장을 비롯한 많은 학승들에게 영향을 주었다. 일본에서도 각 종파의 교학 이해에서 원효의 설이 중요한 준거 틀이 되었다. 한편 그의 《십문화쟁론》은 불교의 발생지인 인도에 번역되어 전해지기도 했다.

이처럼 불교에 관한 저술과 교학 연구에서 독보적이었으며, 한편으로는 환속한 거사로서 대중 교화와 중생 구제에 큰 발자취를 남긴 원효는 686년 3월 혈사(穴寺)에서 70세로 삶을 마감했다. 이때 아들 설총이 그의 유해를 빻아 원효의 소상(塑像)을 만들어서 생전에 오랫동안 머물며 수행한 분황사에 봉안하고 예를 올렸더니 소상이 고개를 돌려 돌아보았다고 전한다. 이후 경주 흥륜사의 금당에는 열 명의 신

원효의 회고상을 본뜬 불상
— 설총이 원효의 유골로 소상을 만들어 분황사
  에 모시고 절하자, 소상이 뒤를 돌아봤다는
  내용이 《삼국유사》의 〈원효불기〉에 전한다.

라 승려상을 모셨는데 자장, 의상과 함께 대중 교화가인 혜숙, 혜공과
원효가 포함되었다. 하지만 원효는 교단에 몸담거나, 제자를 양성하
지도 않았기에 그 사상의 온전한 계승자는 나오지 않았다. 이는 많은
문도를 배출하며 세력을 확장한 의상 계통과 비교되었다. 관음보살의
친견과 관련된 《삼국유사》의 다음 설화에는 양사의 위상과 후대의 엇
갈린 평가가 극명하게 대비된다.

의상이 당에서 돌아온 후 관음보살의 진신이 바닷가 굴에 산다는 말을
듣고 하늘의 신중(신장의 무리)과 동해 용의 인도를 받아 관음보살을 친
견했다. 의상은 절을 짓고 관음상을 봉안하였는데 인도의 보타락가산(寶

陀洛伽山)에 관음이 산다는 《화엄경》의 내용을 근거로 그 이름을 따서 낙산(洛山)이라고 했다. 이어 원효가 참배하고자 하였는데 도중에 흰 옷을 입고 벼를 베는 여인과, 월경으로 속옷을 빠는 여인을 만났지만 그 정체가 무엇인지 몰랐다. 이때 소나무 위에 있던 푸른 새가 짚신 한 짝을 남기고 사라졌는데 절에 도착해 보니 관음상 밑에 짚신 한 짝이 있었다. 이에 비로소 앞서 만났던 여인이 관음의 진신임을 알아차렸다. 원효가 굴에 들어가 다시 관음의 진신을 보고자 했으나 풍랑이 일어 들어가지 못했다.

이는 의상과 원효에 대한 후대의 인식을 잘 보여 주는 것으로 의상 계통에서 만든 설화로 추정된다. 원효는 환속과 파격적 일탈행 그리고 계승이 단절됨으로써 당시는 물론 후대의 신라 불교계에서 그다지 주목받지 못하였거나 평가절하되었던 것 같다. 하지만 대중에게는 인기가 높았던 것으로 보이는데 《삼국유사》의 다음 기록에서 범접할 수 없는 고승이 아닌 친근하고 대중적인 원효의 모습을 볼 수 있다.

사복은 12세가 되어서도 말은 물론 움직이지도 못했는데, 어느날 그의 모친이 죽었다. 고선사에 있는 원효를 찾아온 사복에게 원효가 인사를 했지만 사복은 답례하지 않고 '옛날에 당신과 내가 경전을 실었던 암소가 지금 죽었으니 함께 장사 지냅시다'라고 했다. 원효가 시신을 두고 '태어나지 말지어다. 죽음이 괴롭다. 죽지 말지어다. 태어남이 괴롭다'고 빌자 사복은 그 말이 번거롭다며 '태어나고 죽는 것이 모두 괴롭다'

라고 고쳐서 읊었다. 장례를 치르기 위해 활리산에 갔는데 원효가 지혜의 숲에 장사를 지내자고 하자 사복은 '옛날 사라수 사이에서 석가모니불이 열반에 든 것처럼 지금 또한 비로자나불의 연화장 세계에 들어가렵니다' 하고는 시신과 함께 땅속으로 들어갔고 원효는 혼자 돌아왔다.

원효는 이처럼 친숙하고 가까운 이미지로 대중에게 각인되었는데 이것은 그의 대중 교화 방식에서 이유를 찾을 수 있을 것이다. 그는 출가자에 한정된 소승의 계율에 얽매이지 않고 승속을 넘나드는 자유분방한 삶을 살았기에 《삼국유사》에서도 원효에 관해 서술한 항목을 〈원효불기〉라 하여, 어디에도 얽매이지 않았다는 뜻의 '불기(不羈)'라는 제목을 붙였다. 하지만 원효가 계율을 완전히 무시하거나 어떠한 규칙도 없었던 것은 아니다. 그는 중생 제도를 위해 계율의 현상에 집착하지 않을 수 있다는 대승계율관을 실천했다. 그것은 일정한 경지에 도달한 사람은 출가자의 계율에 얽매이지 않고 자신의 마음으로 이치를 결정할 수 있는 것으로 재가보살의 입장에서 출가자까지 포섭할 수 있었다. 원효가 교판에서 일승 분교에 배당한 《범망경》 계통의 대승계율은 재가자를 포함하여 모든 중생이 불성을 지닌다고 여겼고, 출가자를 중심으로 한 소승계를 비판하기도 한다. 즉 소승계율이 관리나 노비 등 일부 계층의 출가를 제한한 것에 비해 《범망경》은 노비를 포함하여 누구나 스스로 맹세하여 계를 받을 수 있다는 열린 입장을 취한다. 원효는 대승보살계를 추구하였기에 행위 자체를 규제하는 것보다 내면적 각성과 동기에 더 큰 비중을 두었던 것이다.

대승불교는 출가자의 수행과 깨달음에 주안점을 둔 소승불교에서 탈피해, 중생의 깨달음으로 시야를 확대하면서 역사의 전면에 등장했다. 대승이 표방한 것은 '상구보리(上求菩提, 깨달음을 얻기 위해 노력함) 하화중생(下化衆生, 널리 중생을 제도함)'으로 깨달음의 길과 중생교화의 현실이 다르지 않음을 역설했다. 따라서 중생을 구제하는 이타적 자비행은 대승의 핵심 사상이었고 재가보살의 위상과 현실적 역할은 새로운 각도에서 주목되었다. 모든 존재는 불성을 지니므로 각 개체는 모두 평등한 존재였다.

원효는 출가와 세속의 세계가 다르지 않음을 몸소 행하였고, 대중 교화와 중생 구제를 위해 어떠한 구속에도 얽매이지 않는 무애행을 실천했다. 그는 중생의 정신적, 종교적 각성에 중점을 두는 한편 현실의 물리적 삶은 세속의 법칙에 맡겼다. 그가 중대 왕실 및 집권세력과 일정한 유대관계를 맺고 그 후원에 힘입은 것은 깨달음만으로는 민중의 삶을 구제하기 어려운 엄연한 현실 때문이었을 것이다. 당시 신라는 통일 이후 통합을 위해 율령을 개편하고, 임금을 받들고 백성을 위하는 유교적 정치 이념을 표방했다. 오랜 전쟁으로 피폐해진 백성의 삶을 윤택하게 하고 희망찬 사회를 건설하는 것은 시대적인 요청이었다. 국가 입장에서는 대중 속에서 활동하며 기반을 다진 승려들을 포섭하여 정신적 위안과 민심의 안정을 도모할 필요가 있었고 원효는 그 상징적 인물이었다. 원효에게는 출세간과 세속이 다른 것이 아니었고, 중생 교화를 위해 출가자의 성역을 버렸듯이 중생의 안위를 위해 권력과 손잡을 수도 있는 것이었다. 그가 파계를 감행하면

서까지 얻으려 한 것은 결국 중생 구제의 보살행이었고 세속으로의 투신은 그 필요 조건이었다.

원효는 대립적 극단을 해소하고 본질적 깨달음을 추구한 보편적인 사상가였고, 당시 신라 사회의 구체적 현실에 대응해야 했던 실천적인 종교인이었다. 그는 《대승기신론》의 일심과 화엄 일승 사상을 이론적 토대로 하여 출가자와 대중, 진리와 세속, 부처와 중생을 구분하지 않았다. 또한 모든 개념과 현상적 극단의 화쟁을 지향했던 원효는 어디에도 얽매이지 않는 깨달음의 길을 중생과 공유하려 했다. 그는 구도자의 길과 세속의 길을 동시에 걸었던 것처럼 특수와 보편의 어느 한쪽으로 치우치지 않고 양면을 적절히 조화시켰다. 그의 삶의 행보는 주류 질서에 대한 반동으로 아웃사이더의 길을 택한 것도 아니었고, 주류와의 대립과 투쟁을 통해 기층의 이해를 대변하고 쟁취하는 투사의 모습은 더더욱 아니었다. 주류와 아웃사이더를 나누지 않고 양자가 상생하는 길을 추구하였고 경계를 넘나들며 양 극단의 공존을 도모한 것에 원효의 진정한 위대함이 있다. 그의 지향점은 주류 질서로의 편승이 아니라 자신을 벗어던진 채 모든 이들의 희망과 절망을 종교적으로 승화시키는 데 있있다. 이런 점에서 원효는 진정한 언더그라운드 슈퍼스타로서 역사에 이름을 남기게 되었다. 일세를 풍미한 위대한 사상가이자 구도자, 대중 교화의 선구적 실천가인 원효는 자신의 이름처럼 해동의 아침을 활짝 여는 시공을 초월한 새벽빛이었다.

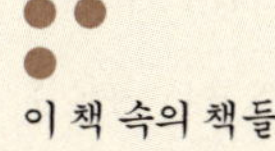

이 책 속의 책들

1. 이재유_식민지 시대, 사회주의 혁명의 별이 되다

《동아일보》,《조선일보》,《조선중앙일보》,《신천지》,《사상휘보》

김경일,《이재유, 나의 시대 나의 혁명》개정판, 푸른역사, 2007
이정전집편집위원회,《이정 박헌영 전집》, 역사비평사, 2004

2. 최제우_진흙 같은 세상 속에 연꽃처럼 피어난 동학

김상기,《동학과 동학난》, 대성출판, 1947
오지영,《동학사》, 영창서관, 1938
조경달, 박맹수 편,《이단의 민중반란》, 역사비평사, 2008

최제우, 김용옥 역주,《동경대전 1》, 통나무, 2004

표영삼,《동학(1) - 수운의 삶과 생각》, 통나무, 2004

표영삼,《동학(2) - 해월의 고난 역정》, 통나무, 2005

한국역사연구회,《1894년 농민전쟁연구3》, 역사비평사, 1993

3. 박문수_조선시대 암행어사의 전설

고석규 · 설성경 외,《암행어사란 무엇인가》, 박이정, 1999

오수창, 〈암행어사 길–1822년 평안남도 암행어사 박내겸의 성실과 혼돈〉,《역사비
평》통권 73호, 2005

원유한, 〈기은 박문수의 화폐경제론–실학자의 화폐경제론과 비교 검토〉,《실학사상
연구》5 · 6, 1995

이성무,《조선의 부정부패 어떻게 막았을까》, 청아출판사, 2000

임병준,《조선의 암행어사》, 가람기획, 2003

전봉덕, 〈암행어사제도연구〉,《한국법제사연구》, 서울대 출판부, 1968

조성산, 〈박문수, 전설적인 암행어사 혹은 뛰어난 소론 경세관료〉,《내일을 여는 역
사》14, 서해문집, 2003

한상권, 〈역사 연구의 심화와 사료 이용의 확대–암행어사 관련자료의 종류와 사료적
가치〉,《역사와 현실》6, 1991

이승수, 〈박문수 전승의 역사적 기반 탐색〉,《한국문화》42, 2008

오윤선,《박문수전》에 나타난 '박문수'의 인물형과 고전서사물에서의 변이양상〉,
《우리어문연구》31, 2008

심재우, 〈역사 속의 박문수와 암행어사로의 형상화〉,《역사와 실학》41, 2010

4. 망이·망소이_신분의 굴레 속에서 터져 나온 반란의 목소리

《고려사》, 《고려사절요》, 《동국이상국집》, 《동문선》

김갑동 등, 《고려 무인정권과 명학소민의 봉기》, 다운샘, 2004

김당택, 《고려무인정권연구》, 새문사, 1987

김석형, 《봉건지배계급을 반대한 농민들의 투쟁》, 열사람, 1989

박종기, 〈12, 13세기 농민항쟁의 원인에 대한 고찰〉, 《동방학지》 69, 1990

신안식, 《고려 무인정권과 지방사회》, 경인문화사, 2002

원창애, 〈고려 중·후기 감무증치와 지방제도의 변천〉, 《청계사학》 1, 1984

이정신, 《고려 무신정권기 농민·천민항쟁 연구》, 고려대학교출판부, 1991

채웅석, 〈12, 13세기 향촌사회의 변동과 '민'의 대응〉, 《역사와 현실》 4, 1990

5. 원효_누구도 부처가 아닌 자가 없다

《三國遺事》, 《宋高僧傳》, 《韓國佛教全書》

고영섭 외, 《원효: 한국의 사상가 10인》, 예문서원, 2002

국사편찬위원회 편, 《신앙과 사상으로 본 불교 전통의 흐름》, 두산동아, 2007

금강대 불교문화연구소 편, 《불교의 이해》, 무우수, 2006

남동신, 〈元曉의 大衆敎化와 思想體系〉, 서울대 국사학과 박사논문, 1995

남동신, 《원효》, 새누리, 1999

조계종교육원 편, 《曹溪宗史 고중세편》, 조계종출판사, 2004

조계종포교원 편, 《불교사의 이해》, 조계종출판사, 2004

최남선, 〈朝鮮佛敎 東方文化史上에 있는 그 地位〉, 《佛敎》74, 佛敎社, 1930

편집부, 《한국사특강(개정신판)》, 서울대 출판부, 2008

최남선, 〈朝鮮佛敎 東方文化史上에 있는 그 地位〉, 《佛敎》74, 佛敎社, 1930

편집부, 《한국사특강(개정신판)》, 서울대 출판부, 2008